Erich Maria Remarque Jahrbuch/Yearbook XX (2010)

# Remarque-Forschung 1930–2010
# Ein bibliographischer Bericht

Herausgegeben von
Claudia Glunz und Thomas F. Schneider
im Auftrag des
Erich Maria Remarque-Friedenszentrums Osnabrück



V&R unipress
Universitätsverlag Osnabrück

– Veröffentlichung des Universitätsverlags Osnabrück bei V&R unipress –

Impressum
Erich Maria Remarque-Jahrbuch/Erich Maria Remarque-Yearbook No. 20/2010
Remarque-Forschung 1930–2010. Ein bibliographischer Bericht

Herausgegeben von Claudia Glunz und Thomas F. Schneider
Erich Maria Remarque-Friedenszentrum
Erich Maria Remarque-Archiv/Forschungsstelle Krieg und Literatur
der Universität Osnabrück
Redaktion: Claudia Glunz, Thomas F. Schneider

Der Abdruck von Erich Maria Remarques Notizen und Manuskriptfragmenten zu dem Romanprojekt *Der Kranke* erfolgt mit freundlicher Genehmigung des Verlages Kiepenheuer & Witsch, Köln.

Titelabbildung aus *Merian* 16 (1963), 5: *Rothenburg und die Tauber*, S. 19.

Bibliografische Information Der Deutschen Bibliothek

Die Deutsche Bibliothek verzeichnet diese Publikation in der Deutschen Nationalbibliografie; detaillierte bibliografische Daten sind im Internet über <dhttp://dnb.dbb.de> abrufbar.

1. Aufl. 2010

Gedruckt auf säurefreiem, total chlorfrei gebleichtem Werkdruckpapier. Alterungsbeständig.
Printed in Germany

ISSN 0940-9181
ISBN 978-3-89971-591-0

# Inhalt

Erich Maria Remarque

# Der Kranke
# Notizen und Manuskriptfragmente zu einem Buchprojekt

Im September 1963 reisten Paulette Goddard und Remarque nach Rom und Neapel, wo Remarque seinen 2. Herzanfall und vermutlich auch mindestens einen Schlaganfall erlitt. Über die folgenden Monate bis Oktober 1964 ist sehr wenig bekannt, nur dass Remarque gegenüber Korrespondenzpartnern auf seinen schlechten Gesundheitszustand und Lähmungen der rechten Hand hinwies und in seinem am 4. Oktober 1964 in Porto Ronco begonnenen Tagebuch diese Zeit als die große Depression bezeichnete (Eintrag vom 11.10.1964). In diesem von Reflexionen über das Leben und seinen Tod geprägten Tagebuch erwähnt Remarque mehrmals ein Buch-Projekt, in dem er den vermutlich mehrmonatigen Krankenhausaufenthalt mit eventuell einem weiteren Schlaganfall darstellen und damit die Konzeption seines bisherigen Romanschaffens radikal verändern wollte. So am 18. Oktober 1964:

> Für das Buch darüber: wie es ihn erst erschreckt, so vieles zu verlieren, an Gedächtnis und Vorrat, – und wie er dann es versucht positiv zu wenden, – indem das Namen-Verlieren zum Namenlosen wird, zurück kommt dazu, tiefer wird, als mit all den Namen. Wie er sich nicht erinnern kann an Namen in der Musik, die er hört: Ist es von Beethoven, Chopin, Debussy, Ravel, – und es dann beiseite schiebt: all den Namenklüngel, als unwichtig, solange er es noch hört. Solange er es noch hören und spüren kann.

Und im letzten Tagebucheintrag vom 7. März 1965, der eine Art Lebens-Resumee beinhaltet und darauf hinweist, dass Remarque zu diesem Zeitpunkt bereits eine erste Fassung des Textes, den er als Ich-Buch des Kranken bezeichnet, begonnen hatte:

Buch vielleicht anders anfangen: Vorfrühlings-Vor-abend auf der Terrasse, erster dünner Mond, erste Kamelien, Berge gegenüber noch Schnee-überstäubt, – Stille, Vorsicht in der Brust, das Gefühl lieber leiser zu atmen, damit nichts zerbricht, – u. das andere, ob man die Nacht überstehen wird. Nur eine Ahnung, – aber die Nacht ist die große Unkontrollierbare geworden, das Tuch, das ersticken und heilen kann. Jeder Morgen taucht auf, sollte auftauchen, wie Aphrodite aus dem weinfarbenen, schäumenden Meer, Wind im Haar, den Horizont hinter sich, mittelmeerhaft, antibisch. (Antibes) Und jeder Abend ist ein letzter, mit Mondsichel, dem weiten, hohen Himmel, dem durchsichtigen Grün, dem weißen Nebel, der keiner ist.

Bereits am 15. Juli 1964 hatte Remarque in einem Brief an seinen deutschen Verleger Joseph Caspar Witsch das Buch-Projekt skizziert und erläutert, welche Intentionen er damit verbinden wollte:

Glauben Sie mir, daß Sie mir mit Ihrem Verständnis und Ihrer großen Freundlichkeit einen Stein vom Herzen gewälzt haben, – denn, wie ich schon letzthin schrieb, ist es leider eine der Begleiterscheinungen meiner Krankheit, daß ein gewisses labiles Gleichgewicht besteht, das leicht erschüttert werden kann und eine längere Zeit braucht, um sich auf frühere ruhigere Zustände zurückzustabilisieren. Das aber möchte ich gerne, zumal mir dieses letzte halbe Jahr viele Einsichten gegeben hat, die ich hoffe verwerten zu können. Darüber möchte ich bei unserm nächsten Zusammensein einmal sprechen, auch über Themenauswahl etc., – denn mit dem Emigrantenmilieu ist es mit der Nacht von Lissabon endgültig Schluß (es war ohne meinen Willen eine Trilogie geworden: Liebe deinen Nächsten, Arc de Triomphe und Lissabon), und ich denke, ich muß eine radikale Schwenkung machen, und hoffe dadurch etwas Neues, mehr Literarisches zu machen als bisher. Alles das würde ich gern einmal mit Ihnen besprechen [...].

Zu einer Realisierung des Projektes kam es nicht mehr, und Remarque wandte sich entgegen den gegenüber Witsch geäußerten Planungen erneut dem Exil-Thema mit dem unvollendet gebliebenen Roman Das gelobte Land zu.

Im an der Fales Library der New York University verwahrten Nachlass Remarques finden sich jedoch noch einige Notizen und zwei Manuskriptanfänge des Romans, die einen für Remarques übriges Werk sehr ungewöhnlichen Einblick in die Verfassung und Denkweise des Autors geben. Die Notizen und Manuskriptfragmente lassen sich eindeutig auf die erste Jahreshälfte 1964 datieren und werden mit Ausnahme einiger wenige Zeilen umfassenden Notizen in diplomatischer Abschrift hier erstmals publiziert. Verschreibungen wurden stillschweigend korrigiert, zum Textverständnis notwendige Ergänzungen stehen in ‹Klammern›, Streichungen im Original stehen in [Klammern], *Kursive* kennzeichnen Unterstreichungen im Original.

Der Abdruck erfolgt mit freundlicher Genehmigung des Verlages Kiepenheuer & Witsch, Köln.

TS

Der Kranke, –

träumt

Er kann das Leben nicht mehr halten, – er ist ans Bett gefesselt. Er versucht es, – beginnt dann in seiner Erinnerung zu suchen.

Gräbt nach Erinnerungen. Viele sind vergessen. Andere schwimmen wie fahle Eisberge am Horizont, zu Dreivierteln submerged.

Ich bin ein Fischer, der nach Wrackstücken seines Lebens fischt. Ich sitze an einem grauen, nebeligen Meer und fische.

Er versucht. Erinnert sich an manches. Allmählich auch an eine flüchtige Szene, als er Soldat war, verwundet, im Lazarett Duisburg, Knieschuß, die Straßenbahnschaffnerin, der er Räubergeschichten erzählt, (von zerschmetterten Schwänzen etc.) auf dem Weg nach Meiderich zum Uffz. Kinzel, um dort Klavierstunden zu geben, wo er Geld verdient, um dafür Bücher zu kaufen, Gedichte etc., mit denen er im Lazarett (Ruhr) sich eine eigene Welt aus Wünschen erbaut, während in Seufzen und Röcheln um ihn Menschen sterben. –

Vincenz Hospital – das Mädchen in der Kneipe, in der er Klavier spielte. Die kräftige, die er nicht hatte, die wollte, – die jungen Leute, die einen Abend hatten, verlangten, er müsse mit einem Freund solange den Raum verlassen, es aber später änderten, wohlwollend –

Der Ausflug zum Drachenfels, für den er verbunden wurde.

Der stille Nachmittag (mit Fieber), als er ausriß, mit der Straßenbahn fuhr und in einem Garten das Mädchen im bunten Kleid am Tage ‹sah›. Er geht später noch ab u. zu vorbei. Sieht sie. Zum letztenmal, als er entlassen wird. Er muß zurück an die Front. Wußte nie den Namen. Die Erinnerung verlöscht. Er glaubte, viel später, daß es ein schönes jüdisches Gesicht gewesen war, – vergaß es.

Er geht zurück ins Feld. (ungevögelt). Estaminet in Flandern. Andere Liebesgeschichte mit der Kellnerin. Pappeln. Unterbrochen. Der Bruder der Kellnerin ist gefallen. Sie will nicht mehr. Schwere Szene: »Ich weiß du bist auch nur ein Opfer«, sagt sie: »aber du bist auch ein Mörder. Es geht nicht mehr. Noch bist du noch mein Geliebter, fremd und vom anonymen Tod umgeben, aber an jedem Tag würdest du für mich mehr zum Mörder werden. (Der Tote ist stärker!) Geh, vorher –«

Er muß einige Tage darauf gehen. Streicht nachts um ihr Haus. Legt ein Pfd. Kunsthonig vor die Tür. Sieht ihr Licht. Nicht sie.

Ein halbes Jahr später kommt er in die Gegend zurück. Das Estaminet ist zerstört. Niemand wohnt mehr da. Es ist Kriegsszene geworden. Er findet sie nicht wieder. Der mächtige Himmel.

*Anfang*

Schwester Relindis: »Drücken Sie meine Hände! Drücken Sie, so fest Sie können! Ist das so fest Sie können?«

Ich nicke mühsam. Ich weiß, sie hat nichts gespürt. »Es ist schon besser als gestern«, sagt sie.

Ich weiß, sie will mich trösten.

*Vergleich*

Leben der Schwester Relindis. Sie sprechen abends. Das Dasein der Schwester, einförmig, von der Kapelle zur Arbeit (bei den Kranken, von denen viele nasty sind)

Leben? Kein Leben? Aber ist er nicht jetzt ebenso?

Er findet heraus, er ist viel reicher. An Erinnerungen.

Gespräche mit Relindis.

Szene im Hospital. Auf der Treppe. Der große Unterschied! Das Zimmer für einen Gang auf dem Korridor verlassen zu können.

Erinnerung! Greift danach. Versucht eine alte Liebe wiederzusehen. Die größte, glaubt er, die er gehabt hat. Wartet. Sie kommt. Bereitet ihm Enttäuschung. Sie kommt wieder. Fragt ihn nach Testament. Eine entsetzliche Szene. Er glaubt sie wolle erben (was sie wollte!). Sie wird wütend: »Glaubst du denn, ich komme, weil ich dich noch liebe? Du warst mir immer lästig! Du sentimentaler Wurm.« (Das alles sehr leise, gezischt, mit Lächeln, damit niemand es hört.) »So warst du immer! Wer sonst soll denn dein Geld haben, wenn nicht ich, der dir vier Jahre (die besten) seines Lebens geopfert hat?«

Was ist denn Leben? Nicht die bleiche Zukunft, dies unbeschriebene Papier. –

Das, was vergangen ist, was tot ist, ist mein Leben. Solange mein Kopf sich erinnern kann. So ist jeder Tod das eigene Leben.

Sein Traum (irdischer) daß er ausbrechen will, irgendwohin, – Griechenland, die Inseln, seinen kleinen Garten mit Rosen, zum Schluß – obschon er weiß, daß die Kraft fehlen wird –

Er wird schwächer. Hat einen neuen Anfall.

Plötzlich ist alles klar. Herbst, Luft, alles –

Klar u. deutlich ist das Bild am Horizont.

Die Geliebte kommt wieder, endlich eine Nacht. Szene: »Du bist da?« »Ich bin immer da.«

Die letzten Tage – er hält an zu den Träumen. Will sie nicht verlieren am Tag. Sie halten ihn gegen das Chaos – das immer näher kriecht.

Dann verliert er den Traum. Will Licht. Nachts. Dann doch nicht. Das Chaos.

Die Schwester, nachts mit Schlaftabletten.

Sie ist neu. Für ‹ihn› vermischt sie sich mit seinem Traum (Sie ist gekommen. Sie kommt jede Nacht. Sie verspricht es ihm in sein schweißnasses Gesicht. Sie kommt wieder) Fühl mich doch ich bin da –

So kommt sie noch einige Nächte.

Dann stirbt er, halb aus dem Bett gestürzt, als wollte er hinaus –

Der Arzt sagt ihm, er solle schreiben üben. Auch Atmen. Und Freiübungen.

Wem schreiben? Was? Der Arzt sagt: Optimistisches!

Er beginnt Liebesbriefe zu schreiben. Zuerst an das Noch-Dasein. Dann zögerlich, an das unbegreifliche Leben, das er nicht versteht. Dann an die Geliebte, die nie da war.

An Wolken. An Abendröte. An die Helligkeit.

Das Leben u. Dasein u. die Existenz im Krankenhaus.

Die Wetten, wer länger leben wird. Sie belauern sich. »Er sieht schon schlechter aus«, – Getuschel. Sich besser fühlen, weil es dann den andern schlechter geht.

Wenn ich ein Kind hätte? Das mein/ein Stück meines Lebens weiterführte. Aber weiß ich wirklich etwas davon? Was stirbt? Der flüchtige Reflex Ich – oder die namenlose Kette, an der ich hänge u. die jemand weiterführte.

Habe ich vielleicht ein Kind. Jener letzte Abend im Estaminet, als wir verzweifelt waren und uns, spät, einander näherten u. dachten (denken wollten), daß ich, der Mörder, in einer schrecklichen Verbundenheit, für den Mord (den anonymen) Ersatz gebe in einem neuen Leben? Und doch schauderten, nachher, in den fahlen flandrischen Morgen hinein, mit Leichen und fernen Raketen u. dem Donner der Front.

Der Morgen, die abfallenden Worte, das Hinausfließen der Bestimmungen ins Anonyme, Namenlose, die rosige Helle, die wesenloser wird, wie ich, Gestalt loser

Das Tröstliche hinausschwimmen in das All, das Auflösen, vor dem ich soviel Angst hatte, das Verlieren, Sichverlieren, das plötzlich wie ein weites Finden wird, in dem auch das Finden wesenlos wird.

Das Wegräumen des Menschlichen, der Namen, die plötzlich wie Schutt erscheinen! – u. die Stille der Nicht-Namen, Endlich-wieder-Vereinten, die so lange wie schlanke Fische in einem zu kleinen Aquarium sich stießen, gefangen waren in ihren Namen, Gefangene eines weißen Gehirns, einer durchsichtigen Gestapo von Paragraphen und Gepolter.

Wie still die Namenlosigkeit ist? Wie die Befreiten ins Meer der Luft und der Winde schießen, schon Rosigkeit nur noch u. etwas Blitzen in der Ferne.

Das Konzert im Radio, das ohne die Etikette des Namens (Chopin, Beethoven, Mozart) erst zum großen Konzert wird, als mir der Name entfällt – Zenlike – das Konzert, das große, ohne Name, ohne den alten Staunen-Ehrgeiz, das Klingen der Horizonte, nicht mehr Brahms allein –

Die gläserne Harmonie, – hinter der gespenstisch doch immer die Angst vor der letzten Auflösung lauert, dem ewig unbegreiflichen Nichts. (das niemand versteht solange ihr noch atmet) Weil wir nie wissen, ob Atmen Leben ist oder Tod. Ebensowenig wie wir wissen, ob oben Leben ist. Leben oder das Zuchthaus der Sinne.

Er vergißt mehr u. mehr. Sein Leben stirbt, weil er es vergißt. Sein Gehirn erwürgt es langsam. Um sich zu retten, erfindet er neues. Seine Phantasie, – aber sie muß so sein, daß sie wirklich wird oder ihm ‹so› vorkommt. In den wachen Nächten erfindet er, – u. versucht, sie mit in den Schlaf zu nehmen, sie zu überpflanzen wie ein Herz. Das auch zu schlagen beginnt u. Träume spinnt. Magie der Organverpflanzung. Geraubtes, gestohlenes Leben. Eigenstes Leben, das nur ihm gehört, frei von Dualität (Zen). Momente von Zen.

Momente von Urangst, dagegen – das gläserne Etwas Verstand das sich wehrt!! Er will es nun auch tauschen! Wie jemand, der Morphium sucht, um den Schmerzen zu entgehen.

Wenn es nur noch solange hält, als das »Es« ist, das noch (mühsam) hält, ertrinkend, hält –

Niemand sah ihn sterben. Niemand war dabei. Niemand hielt seine Hand. Man fand ihn, halb aus dem Bett gestürzt, als hätte er aus dem Zimmer entfliehen wollen. Sein Gesicht war entstellt, aber es glättete sich dann allmählich. Nach einigen Stunden war es abweisend und fremd, so daß man es kaum noch erkannte.

Man wußte nicht, wie er gestorben war. Es schien am besten, anzunehmen, was Relindis sagte: daß er in sich selbst gestorben sei, in jenem Augenblick, wo die Ströme zusammentreffen, sich auslöschen und aufreiben.

Dagegen sprach sein Gesicht. Aber Relindis, die viele (unzählige) Menschen hatte sterben sehen, schwer und schreiend, und verlöschend, blieb dabei: sie sagte, er sei leicht gestorben. Und glücklich. Soweit man dies Wort darauf anwenden könnte. Aber da es das einzige ist, dessen man sicher ist, obschon niemand es glaubt, weil niemand es glauben kann, der noch lebt, – so ist es besser und eigentlich gleichgültig, das anzunehmen. Denn nichts ist gleichgültig‹er› als die vergangene Stunde. Und nichts mehr tot als das Leben, das bewußt wird.

*Umkehr*

Die Jagd nach Erinnerung (als Jagd nach dem Leben) ist plötzlich: eine Jagd nach dem Tod, nach gelebtem gestorbenem Leben, nach Leichen der Erinnerungen.

Also Leichenfledderei auf einem Friedhof mit Monumenten von Toten, selbst wenn sie noch leben. Sie es ist nicht mehr (Lebensmittag).

Nur der Traum, der selbstschöpferische, ist noch Zukunft, Leben, im »Ich«. Er verfällt ihm.

Dann laufen die Parallelen am Horizont des Lebens zusammen (scheinbar aber nicht, in der Perspektive jedoch: Doch!)

Schickt Mädchen fort, das er (nicht sehr) liebt –

Spricht mit ihr. Doppeldialog: Einen denkt er: (du bist die Jugend, das Leben etc.) den andern spricht er: Du mußtest gehen, ich bin gelähmt

Wenn wir schon 20 Jahre zusammen gelebt hätten, solltest du bleiben – aber so, kurz, gehest du besser. Es würde mich quälen. Und doch.

Sie sagt: dich auch?

Ja. Mich auch. Ich bin ein Wrack.

Nachts fühlt ‹sie› im Schlaf, daß er weint.

Schwester genau so gut wie das Mädchen, – Handhalten, wenn man stirbt.

»So bitte geh!« Er glaubt, sie sei fort. Erfuhr nie, daß sie sich vergiftet hatte.

Etwas ist da, füllt sich, wie eine Schale Wasser, wie eine Fontäne, ich bin entzückt, trete näher, (berühre es, will es [vielleicht] halten oder nicht einmal) aber es erlischt, zerfällt in Wasser, formlos, rinnt fort, ist nicht mehr da, – nur ich bin da, Ich, ein formloser Fetzen Nacht (und: Nichts), eine Gier, die genarrt wird, sich selber narrt, etwas nachläuft, rennt, schleicht, das nicht mehr da ist, wenn Ich es gerade berühren will, – (Don Quichotte)

Wir contaminieren alles mit unserem brutalen, freudesuchenden, schönheitsuchenden, brutalen Ich, diesem Fetzen traurige Nacht, traurigen Negativseins auf der immerwährenden Suche nach: Erfüllung? Tod? Ruhe?

Suchen wir den Tod. Ist das Suchen nach Schönheit, Erfüllung, unbewußt Suchen nach dem Tode? Dem Gegenteil, vor dem wir schaudern, weil es das »Ich« frißt?

*Szene*

Im Himmel. Gott, mit schiefem, dreifachem Heiligenschein, verzweifelt. Was soll ich nur machen? Ich lasse alle Augenblicke Donnerkeile sausen, damit die da unten das Leben genießen, voll – ich lasse rechts und links sterben, damit sie begreifen, was sie haben u. leben – es nützt nichts, sie verstricken sich in idiotische Geschäfte, Hader, Haß, Gemeinheit, – ich lasse Schlachten u. Kriege los auf sie, – es nützt nichts, sie wollen, für kurze Zeit, nachdenken, sich ändern, tun es zehn Minuten später schon nicht mehr, verbringen ihre kostbare Zeit, als wären sie ewig, verplempern sie in Geschäften etc., – ich habe ihnen 2 Weltkriege geschickt – es ist nur ärger hinterher geworden – was kann ich nur tun?`

Ratschläge:

Versuche: Ich kann sie doch nicht täglich fortsterben lassen und retten, um sie dazu zu bringen, das Leben kostbar zu finden.

Versuch: Sterbender: Und wer ist im Geschäft?

Letzte Szene. Gott zieht seinen Hut (Heiligenschein)
Daran habe selbst ich nicht gedacht –

Gott vorher: Sieh nur an, was sie aus der Liebe machen, die ich ihnen gegeben habe, damit sie erkennen, was das Leben ist.
Sie benutzen sie für Selbstmord etc.

Traum: Wer weiß denn, ob wir nicht entsetzlich leiden unter unserem Zerfall nach dem Tode? Niemand ist zurückgekommen, um es uns zu sagen: Vielleicht leiden alle Zellen etc.

*Schattenparade*

Ein Mann, über den Brunnen gebeugt (der nicht mehr da ist). So wie November.
Alter Mann: selbst wenn es wieder käme, ich könnte es nicht halten (es wäre nur eine Schattenparade).
Warum ist es da, noch da. Spukt nur noch in meinem Hirn.
Er geht, sucht – findet alte Frau – die sich nicht erinnert, er ist ausgelöscht, durch handfestes Glück? Zufriedenheit.
Tot! Tot ist Lucie u. was noch davon übrig ist.

Ich breche die Verließe des Vergessens auf. Denn was ist das Leben? Nur, was man erinnert! Ich aber habe so vieles vergessen! Im Schlaf, in den Träumen, die ich beschwöre, breche ich die toten Siegel auf und will die Erinnerung herausflattern lassen. Sie wird mich nicht enttäuschen, wie die, der ich nachgelaufen bin, und die verfault war, obschon sie noch zu leben schien, u. die, die sich an Personen, Orte hielt.
Ich werde mir eine neue Erinnerung schaffen. Wer fragt danach, ob sie wahr ist, ob sie war? Was war, ist nicht wahr.

Eine schiefe Ebene aus Glas, – u. darauf, was Menschlich ist in uns (zum Unterschied vom Tier) krabbelig, rutschend, sich haltend und das ab u. zu – ein Fetzen Ironie, ein Fetzen Gelächter, – Humor, das was uns unterscheidet vom Tier (das dafür emsiger, ohne Depression (?) an seiner Rettung arbeitet. (Der Käfer, die Maus in der Milch, der zerrissene, sterbende Hund)

Dieses so kostbare u. und (eigentlich, hier) wertlose Menschliche, aus den Tausenden von Jahren herausgezüchtete, dieser bewußte Mut (Rückert: Kamel am Halfterband!) labiler als der tierische, schillernder auch, das Menschliche, es, das uns trotzdem (u. bei allen Menschen) unterscheidet. – dieses Zurückblickenkönnen, dieses »Ich« flackernd u. erlöschend.

Im letzten Teile des Buches stärker u. stärker, je mehr das Außen verschwimmt u. unwirklich wirkt: Dieser Fetzen eines wilden Blaus in zunehmendem Nebel.

Alles was uns bleibt ist etwas Mut u. (wenn possible) Gelächter (worin alles ist: Dank, Respekt, Liebe (und Haß) u. das Unbegreifliche, daß wir leben können u. darüber (hilflos) nachdenken können, daß es fließt (ein Band durch die Hände, die es halten wollen, und je fester wir es halten wollen, umso mehr schmerzt es, zerreißt die haltenden Hände, ohne daß das Gleiten stoppt).

Träume kommen erst wieder als er sprechen kann. Er liebt sie als Zeichen wiederkehrenden Lebens (Gesundheit) deshalb als Realität (nicht Illusionen!)

*2. Buch*

Er jagt der Erinnerung nach. Sucht sie wieder einzuholen. Sucht die Posten (Pfähle) auf, die noch da sind und in die Gegenwart hineinragen (Alte Bekannte, alte Lieben). Stellt fest, daß sie tot sind, im Leben durch das Leben getötet sind. Sie sind noch da, aber sie sind es nicht mehr (Nietzsche Lebensmittag. Die Freunde sind's nicht mehr) Versucht eine alte Liebe zu erneuern. Nacht zusammen. Schreckliche Schwermut.

Dann: Gespräch mit jemand, der sich an dieselbe Zeit erinnert, die ihm fahl u. flach erscheint, u. dem sie schimmert u. für den sie die schönste Zeit seines Lebens war. Er erkennt, daß, wenn er das nicht fühlt, es nur an ihm liegt. Und, daß er immer noch die Gelegenheit hat, es dazu zu machen. Er braucht nur der Erinnerung ein anderes Licht zu geben, und selbst fahl geglaubte Stellen werden zu Silber, und das Nichterfüllte wird zu einem größer Schimmernden als das platte Erfüllte, dem er einst größere Bedeutung beimaß. Was zwang ihn denn, sich mit so belanglosen Dingen abzugeben, als der sogenannten Wahrheit des Vergangenen? War nicht nur das wahr, was er empfand? Wer war der Zeuge, der einzige, wenn nicht er selbst? Und war nicht er selbst schon nicht mehr da, verschwunden in der Erosion der Zeit? War er nicht jeden Tag schon ein anderer? (Nacht von Lissabon) Und war Vergangenheit nicht nur seine gefährdete (durch ihn) Vergangenheit? Was wußte er denn von zweidimensionalen Erinnerungen, hinter denen rätselhaft ein ganz anderes dunkles, neu von ihm erfaßtes Leben lauerte?

Er beginnt die Vergangenheit so zu leben in der Erinnerung, wie er es vielleicht gewollt hätte. Phantasie, mit einem Schein von Gottgefühl. Er erschafft sie aus sich für sich.

Dabei fließen gewollte Erinnerung, Phantasie u. Gegenwart ineinander. Er sieht die Vergangenheit gegenwärtig. Darin mischt sich unmerklich eine sehr junge Frau, die in ihren unerfüllten Träumen u. Wünschen in seine erträumten hineingerät. Eine sehr zarte (platonische?) Liebe, die schließlich zart zerbricht, in einer endlichen Nacht der Impotenz.

Endlich was will man denn? Daß einem jemand die Hand hält wenn man erlischt?

Eine harmlose kleine Hure ist schließlich bei ihm. Verläßt ihn eine Stunde vor seinem Tode. Muß ins »Geschäft«. Er stirbt im Schreiben eines Satzes –

(R-C 1.213/001)

Etwas ist passiert mit den Worten. Vorher waren sie präzise, so präzise wie möglich. Jetzt schweben sie, sie schwimmen, man ist in einem Aquarium, man kann sie greifen, aber oft entkommen sie. Ein Spiel: Seifenblasen, bemalt mit runder Realität, durchsichtiger Realität, dünnsten Bildern aus Reflexen, Realität und Reine, oder ist das schon alles was es an Realität gibt? Und vor kurzem war alles noch ganz anders: ich aufgespießte Schmetterlinge und Namensschildchen war das Universum eine riesige Karthotek, eine Insektensammlung, deren Ehrgeiz es war möglich‹st› viele Namen zu haben, Namen sogar für das Namenlose, nicht zu Nennende, benannt trotzdem, mit Ziffern dann, mit Buchstaben, mit X und Ypsilon, in einem Fieber von Namen, dem Fieber des neunzehnten Jahrhunderts, des Humanismus und des ausgehenden raison d'être des achtzehnten. Als wenn man mit Namen die Magie aufspießen könne, begrenzen könnte, sie vermenschlichen könnte.

Was ist davon geblieben. Eine winzige Stockung, ein Absinken irgendwo in einen Komplex von der Größe eines Stecknadelkopfes, ein Spasmus, ein Erdbeben, ein mikrokosmisches Erdbeben in einem mikrokosmischen Makrokosmus, – und plötzlich fliegt alles durcheinander, all das Gesammelte, Aufgespießte und mit ihm das so sicher verankert erschienene merkwürdige Ich, das kurz vorher noch den Horizont ausfüllte und nun gläsern geworden ist, auch eine Seifenblase, die unter den anderen treibt, kaum noch von ihnen unterschieden.

Wie die Wörter purzeln und die Begriffe! Ich will mich nicht davor fürchten. Ich will das Gefühl der terra firma nicht als einen Mangel empfinden, wie jemand der von der Ebene auf ein schwankendes Schiff gerät; ich will es im Gegenteil als etwas empfinden, das vielleicht eine Verkleinerung des Egogefühls, aber auch eine Vergrößerung des Universalgefühls darstellt. Als einen Spiegel, der spiegelt und wiederspiegelt; – und wenn die Wörter keinen Sinn zu ergeben scheinen, so will ich heiter zweifeln ob sie das nicht ebensosehr nicht auch vorher nicht taten, – und ob sie nicht jetzt, befreit aus der öden Zeit-Raum-Klammer und von den kriechenden Kausalgesetzen, glänzender sind und vielleicht sogar näher.

Die Bürde des Gedächtnisses rutscht ab. Anfangs ist er bestürzt, – als verliere er mit dem Vergessen einen Teil seines Lebens: das, was nicht erinnert wird, ist nicht mehr da. Aber dann beginnt er zu fragen: was ‹war› wirklich da? Er konnte es hervorholen, wenn er wollte, – es gab ihm Wärme, Trost, – aber wirklich Trost? War nicht die Tatsache, da‹ß› es vergangen war, die bittere Mandel in der Süßigkeit der Erinnerung? Und war nicht das, was er falsch gemacht hatte, zu spät gesehen hatte, immer noch quälend, wenn er es hervorholte? Was war es denn wirklich, was er nicht vergessen wollte? War es nicht das Paradox, daß es sein Leben war, während es das schon nicht mehr war? Die Erinnerungen, Blätter längst einen Bach hinabgeschwommen, begrüßte Phantome, tot, mit einem Schattenlächeln, und Schattenträume, Augen, längst nicht mehr da, selbst wenn sie noch lebten!

Sollte er es versuchen? Sollte er auf die Jagd gehen? Stöbern wie ein Vorstehhund im Herbstwald voll raschelnder Blätter?

(Hier der Versuch: die große Liebe, die noch lebt. – (Nietzsche: du, Herz bleibst jung etc. – Der Tod im Leben! Die eingesargten Augen, in einem Wesen, das nichts mehr hat von dem, das es einst für ihn war, – weil es das nie war, – nur für ihn – so nimmt er Abschied von etwas das nie da war).

Und das Vergessen? Wie schnell sich die Panik legte. Verlor er wirklich so viel? Die eingerosteten Erinnerungen! Wie sie kreischten in den Angeln! Wie lächerlich und sentimental sie waren und ihn so machten! Ein überalterter Mann, hinter etwas albern gewordenen und verschmutzten Kinderträumen herstarrend! Gab es nichts besseres? Wäre es nicht viel amüsanter sich neue und andere Erinnerungen zu verschaffen? Was hinderte ihn, die alten wegzuwerfen und sich neue ‹zu› erfinden? Täglich neue, wenn er so wollte? Phantastische, wenn ihm daran lag, sentimentale ebenso, das war keine Grenze! Und weil da keine Grenze war, war auch keine Bewertung da! Alle waren recht, wenn sie ihm nur gefielen? Da waren keine Lügen mehr und keine Wahrheit! Diese komischen Worte waren im Seifenblasenspiel davon gewirbelt. So wie in Java Leute, wenn sie ihres Namens müde sind, ihn wegwerfen und einen andern annehmen, anstatt den alten durchs Leben wie ein Joch mitzuschleppen, – ebenso konnte er es tun. Vergessen! Was würde denn vergessen? Da war so viel neues zu erfinden, täglich, wenn man einmal den Schrecken vor dem Moloch Ich verloren hatte, der nie da war. Wie heiter Gott war? Und wie perfide und naiv.

Da ist so weniges was bleibt, in uns, nur solange wir leben. Eine betrügerische Philosophie ist aufgebaut, um uns die Aussicht zu sperren, – und die Einsicht dazu. Sie hat begonnen mit der Lebensangst, – mit der Religion, dem Wunsch zu schwimmen, ohne den Boden zu verlieren. Dem Dorado bürgerlicher Sehnsüchte. Der Falkensehnsucht der Hühner; tagsüber im rüttelnden Blau zu stehen und abends im warmen Stall zu vielen.

Der Betrug der Spiegel. Die Vortäuschung des Bleibenden. Der Trick mit der Seele: alles um dem entsetzlichen Gedanken zu entgehen daß nichts bleibt, und da‹ß› selbst die letzte Flucht, der Gedanke an die Unsterblichkeit der Materie, wenigstens das, trotzdem nichts als Flucht durch ein Labyrinth ist, in dem nur Echos einander rufen und Gespräche vortäuschen.

Wieviel Lebensangst verschwendet wird für den süßen Betrug des Egos das nur ein Schwindel mit Spiegeln und Linsen ist! Wie man festhält an einem Haken aus Sonne und Schatten, nur um »Sich« zu fühlen, ebenfalls etwas aus Sonne und Schatten.

(R-C 1.243/002)

Die erste Nacht. Etwas Weißes, eine Schwester, hat mir die Klingel gezeigt. Sie liegt auf dem Tisch neben meinem Bett. Ich brauche nur die Hand um wenige Zentimeter zu bewegen und jemand wird kommen. Eine Nachtschwester ist bis morgens im Hospital. Wenn ich irgendetwas brauche, solle ich nur klingeln. Die Nachtschwester ist für nichts anderes da.

»Ist noch etwas zu tun?«

Da ist alles zu tun. Ich werde an das Namenlose ausgeliefert. Mit dem lampenbeschienenen Gesicht, das mich jetzt verläßt, verlasse ich die Grenze behüteten Menschentums. Jenseits der Tür beginnt das Chaos.

»Nein, danke, Schwester.«

»Ich bin sicher, Sie werden schlafen.«

»Ich auch.«

»Dann gute Nacht.«

»Gute Nacht, Schwester.«

»Soll ich das Licht ausmachen?«

»Nur das Deckenlicht. Nicht das kleine.«

»Gut.«

Schatten stürzen von der Decke.

(R-C 1.243/005)

I.

Die Tür ist sehr leise ins Schloß gefallen und ich lausche hinter der Stimme her. Es ist die letzte, die ich in dieser Nacht hören werde und vielleicht ist es die letzte überhaupt. Heute morgen kannte ich sie noch nicht, – heute morgen, als man mich herbrachte, – und jetzt ist sie mit einem der tröstlichen Sätze, die es in menschlicher Sprache gibt, fortgegangen: Fürchten Sie sich nicht, Sie sind nicht allein. Hier ist die Klingel neben Ihrer Hand; jemand wird sofort kommen, wenn Sie rufen.

Fürchte ich mich? Habe ich mich gefürchtet? Ich weiß es nicht. Es war nicht genug Zeit dazu da. Als ich aufwachte und das Gefühl hatte, daß noch jemand neben mir im Bett läge, jemand, der einen dritten schlangenhaften Arm besaß, während ich doch wußte, daß niemand dasein konnte, – von dort an bis zu dem Entschluß, aus dem Bett zu kriechen, das plötzlich sehr groß erschien und schwer zu überwinden, hatte ich nur ich

Fragt Arzt, ob er mit Frauen schlafen könne.

Arzt: Liegt Ihnen soviel daran?

Natürlich. Es ist das Seil, das in die Tiefe reicht, die wir nicht kennen – Das einzige –

Arzt: Es wird gefährlich sein.

Gut.

Sie meinen, es gäbe keinen schöneren Tod?

Tod ist nie schön.

(R-C 1.243/009)

I.

»Drücken Sie meine Hände«, sagte die Schwester.

Ich ergriff ihre linke Hand mit meiner rechten und drückte sie.

»Beide«, sagte die Schwester.

Ich rührte mich nicht, ich sah sie an. Ich wollte etwas sagen, aber ich konnte es nicht.

Sie blickte mich aufmunternd an. Ihr glattes, fleischiges Gesicht strahlte mit Wohlwollen. »Sagen Sie es nur«, sagte sie. »Sie können es!«

Ich starrte sie an. Sie wußte, daß ich es nicht konnte. »Heben Sie Ihre linke Hand«, sagte sie lächelnd.

Ich rührte mich nicht. »Sie können es«, sagte sie. »Sie haben es gestern abend gekonnt.«

Sie wußte, daß es nicht wahr war; ich hatte es auch am Abend vorher nicht gekonnt. Ich hatte am Abend vorher etwas sprechen können, wenn man mein Krächzen als das bezeichnen wollte; aber ich hatte den Arm nicht heben können. Es war mir nur möglich, die Finger etwas zu bewegen.

»Versuchen Sie es noch einmal«, sagte die Schwester. Sie stand breit, behäbig und ‹in› ihrer schwarzen Tracht mit der gestärkten weißen Haube neben meinem Bett. Ich sah sie an; ich wollte ihr sagen, sie solle nicht wie mit einem Kind mit mir reden. Ich sei ein Mann von vierundsechzig Jahren und wisse, daß ich einen Schlaganfall gehabt hatte; – aber ich sei kein Narr dadurch geworden.

»Mir zu Liebe«, sagte die Schwester aufmunternd. »Es ist ein so schöner Morgen.«

Ich blickte zum Fenster hinüber. Ein Himmel von blauer Seide hing dahinter. Er ging mich nichts an. Nichts mehr. Ich haßte die Schwester plötzlich. In ihren Kleidern schien ein Geruch von Weihrauch zu hängen – doch ich wußte nicht, ob ich mir das nicht nur einbildete. Seit drei Wochen wußte ich vieles nicht mehr, was mir früher selbstverständlich und unverrückbar gewesen war. Es war plötzlich verschwommen, nebelig und ohne Namen. Und manches wußte ich überhaupt nicht mehr.

(R-C 1.213/003)

Martin Siemsen

# Bücherverbrennungen 1933 Sammelrezension

Werner Treß. »*Wider den undeutschen Geist!*« *Bücherverbrennung 1933*. Berlin: vorwärts buch, 2008, 271 pp.

Julius H. Schoeps, Werner Treß (Hg.). *Orte der Bücherverbrennungen in Deutschland 1933*. Hildesheim, Zürich, New York: Georg Olms, 2008. 848 pp.

*Bibliothek Verbrannter Bücher. Eine Auswahl der von den Nationalsozialisten verfemten und verbotenen Literatur*. Im Auftrag des Moses Mendelssohn Zentrums für europäisch-jüdische Studien hg. von Julius H. Schoeps in Verbindung mit Simone Barck u.a. 10 Bde. Hildesheim, Zürich, New York: Georg Olms, 2008.

Volker Weidermann. *Das Buch der verbrannten Bücher*. Köln: Kiepenheuer & Witsch, 2008. 253 pp. (Taschenbuchausgabe: btb Verlag 2009).

Werner Treß (Hg.). *Verbrannte Bücher 1933. Mit Feuer gegen die Freiheit des Geistes*. Bonn: Bundeszentrale für politische Bildung, 2009 (Schriftenreihe 1003), 638 pp.

Die nationalsozialistischen Bücherverbrennungen 1933 haben in der (Literatur-) Wissenschaft erst 50 Jahre später angemessene Berücksichtigung erfahren. Nachdem bereits zwei Jahre nach Kriegsende Richard Drews und Alfred Kantorowicz mit *verboten und verbrannt. Deutsche Literatur – 12 Jahre unterdrückt* (Berlin, München 1947) eine erste Bestandsaufnahme vorgenommen hatten, ruhte beinahe drei Jahrzehnte die Aufarbeitung, bis Jürgen Serke 1977 einige der Autoren mit seinem *Die verbrannten Dichter* dem Vergessen entriss. 1983 wurde dann in Deutschland-Ost und -West das Jahr der Bestandsaufnahme – das Jahr der Sammelbände, Ausstellungen und Dokumentationen.

Am Nachhaltigsten wirkte der Katalog zur Ausstellung der Akademie der Künste vom 8. Mai bis 3. Juli 1983 »*Das war ein Vorspiel nur ...*«

*Bücherverbrennung Deutschland 1933: Voraussetzungen und Folgen* (Berlin, Wien 1983), doch auch die von Gerhard Sauder verantwortete Dokumentation *Die Bücherverbrennung. Zum 10. Mai 1933* (München, Wien 1983) und der von Ulrich Walberer herausgegebene Sammelband *10. Mai 1933. Bücherverbrennung in Deutschland und die Folgen* (Frankfurt/Main 1983) oder die von Friedemann Berger zusammengestellten Quellen *»In jenen Tagen ...«. Schriftsteller zwischen Reichstagsbrand und Bücherverbrennung. Eine Dokumentation* (Leipzig, Weimar 1983) oder auch Klaus Schöfflings *Dort wo man Bücher verbrennt. Stimmen der Betroffenen* (Frankfurt/Main 1983) – um nur einige wenige Titel zu nennen – bleiben wertvoll und hilfreich.

Dass ein 75. Jahrestag keine vergleichbaren Aktivitäten zeitigt, überrascht nicht. Die Mehrzahl der selbständigen Publikationen, die nun zum 75jährigen Gedenken veröffentlicht worden sind, lassen sich auf Aktivitäten des Moses Mendelssohn Zentrums für europäisch-jüdische Studien zurückführen, dessen Direktor Julius H. Schoeps mit Werner Treß einen kompetenten Mitarbeiter mit ausgewiesenen Spezialkenntnissen für das Forschungs- und Editionsprojekt »Bibliothek Verbrannter Bücher« gewonnen hat.

## Werner Treß: *»Wider den undeutschen Geist!« Bücherverbrennung 1933*

Bereits 2003 erschien anlässlich des 70. Jahrestags erstmals Werner Treß' *»Wider den undeutschen Geist!« Bücherverbrennung 1933*, das 2008 im Berliner vorwärts buch Verlag erneut aufgelegt worden ist. Es war das besondere Verdienst von Treß – an Sauder anknüpfend –, die Bücherverbrennungen im Mai und Juni 1933 als studentische Aktionen im Kontext der NS-Machtkonsolidierung in den Mittelpunkt zu stellen, die unabhängig von Direktiven aus Goebbels' Propagandaministerium oder einem anderweitigen ›offiziellen‹ NS-Auftrag erfolgten. Auch sein prononcierter Hinweis auf nichtstudentische Bücherverbrennungen im Mai–Juni 1933 und die während der Phase des politischen Terrors von SA und SS im Anschluss an die Reichstagswahlen am 5. März 1933 war zukunftsweisend. Die Darstellung der Vorbereitung und Durchführung der studentischen »Aktion wider den undeutschen Geist« wird anschaulich durch 15 Fallbeispiele von studentischen (117–208) und zwei nichtstudentischen Bücherverbrennungen (209–216) sowie zwei weiteren im März 1933 (53–60). Die Karte mit 39 Orten von 47 Bücherverbrennungen im Zeitraum März–Juni 1933 (248f.) bildet eine sinnvolle Ergänzung; die Karte »Reichsländer 1933« (Treß 2003, 224f.) findet sich nicht mehr in der Ausgabe von 2008. Übrigens haben die von Goebbels initiierten Störungen der deutschen Premiere der

Verfilmung von *Im Westen nichts Neues* nicht im »September 1930« (Treß 2003, 34; Treß 2008, 37, und Treß 2009, s.u., 15), sondern im Dezember 1930 stattgefunden. Neu an dem nach wie vor lesenswerten Überblick von Treß ist ein zweiseitiges »Nachwort zur Neuausgabe« des Verlegers.

Es wäre wünschenswert gewesen, den einen oder anderen Druckfehler eliminiert zu sehen, z. B. bereits im Inhaltsverzeichnis »Profesorenboykott« statt »Professorenboyott« wieder zu finden ist wenig erfreulich. Einen dicken Wermutstropfen bildet die Präsentation des Bildmaterials, denn warum bei der Wiedergabe der Abbildungen mit durchgängig schlechterer Bildqualität als 2003 häufig der Bildausschnitt verändert worden ist – was offensichtlich nicht auf eine notwendige Anpassung an den Satzspiegel zurückzuführen ist –, bleibt völlig unverständlich. Ein Hakenkreuzbanner auf einem Foto der Bücherverbrennung am 10. Mai 1933 in Göttingen – um das extremste Beispiel zu nennen – ist vielleicht doch signifikant und nicht nur redundante NS-Folklore (vgl. Treß 2003, 152, und Treß 2008, 157). Wenn bei der Verwendung von Bildmaterial deren Quellenwert nicht ausreichend berücksichtigt wird – Stichwort »Medienkompetenz« – , wäre es vielleicht sinnvoller, ganz auf Abbildungen zu verzichten.

## Julius H. Schoeps, Werner Treß (Hg.): *Orte der Bücherverbrennungen in Deutschland 1933*

Eine wesentlich erweiterte Materialbasis bietet der von Julius H. Schoeps und Werner Treß herausgegebene Sammelband *Orte der Bücherverbrennungen in Deutschland 1933*. Darauf geht Werner Treß in seinem einleitenden Essay »Phasen und Akteure der Bücherverbrennungen in Deutschland 1933« (9–28) intensiv ein. 93 Bücherverbrennungen in 70 Städten seien aktuell ab März 1933 nachweisbar (14), eine letzte in Rendsburg fand sogar erst am 9. Oktober statt. Im Rahmen der studentischen »Aktion wider den undeutschen Geist« waren es 30 (20f.), u.a. sekundiert von einer bayrischen HJ-Aktion »Nie wieder Marxismus« vom 6.–14. Mai in acht Städten. Deutlich wird schon rein quantitativ, dass sich der Stellenwert der studentischen Autodafés verändert hat.

Von Bad Kreuznach bis Zwickau werden die Ereignisse in 63 deutschen Städten dargestellt. Der kürzeste Beitrag umfasst gerade einmal zwei Seiten (720f.: Rosenheim), der mit knapp hundert Seiten ausführlichste beschreibt natürlich die zentrale Großveranstaltung am 10. Mai und drei weitere Bücherverbrennungen in Berlin (47–142). Teilweise ist die Kürze der Beiträge auch einer wenig ergiebigen Materiallage geschuldet, denn die archivalische Überlieferung lässt aus bekannten Gründen häufig zu wünschen übrig. Zu den

Bücherverbrennungen in Eutin, Kaiserslautern, Kellinghusen, Kleve, Neustadt a.d. Weinstraße, Pirna und Worms gebe es – so Treß (28, Anm. 37) – bedauerlicherweise keine Beiträge im vorliegenden Band. Doch das schmälert nicht den Wert dieser verdienstvollen Bestandsaufnahme, zu deren Realisierung sechzig Wissenschaftler beigetragen haben.

*Orte der Bücherverbrennungen* veranschaulicht auch, dass im Deutschen Reich bereits vor dem 30. Januar 1933 der politischen Rechten missliebige AutorInnen und deren Werke öffentlich verfolgt wurden: so wurde beispielsweise bereits im Dezember 1930 »das Remarque'sche Buch der Schande« *Im Westen nichts Neues* in Halle an der Saale durch den »Stahlhelm« öffentlich verbrannt (411), und nach dem Wahlsieg der Nationalsozialisten in Schwerin im November1931 wurden »Werke mit undeutscher Seele und jüdischer Tendenz (Remarque, Rathenau usw.)« aus der Volksbücherei des Amtes Schwerin entfernt (756).

## *Bibliothek Verbrannter Bücher. Eine Auswahl der von den Nationalsozialisten verfemten und verbotenen Literatur*

Mit der *Bibliothek Verbrannter Bücher* wird, wie dem Waschzettel zu entnehmen ist, eine repräsentative Auswahl der auf den »berüchtigten ›Schwarzen Listen‹, die am 16. Mai 1933 im *Börsenblatt für den Deutschen Buchhandel* veröffentlicht wurden«, und der in der »Liste 1 des schädlichen und unerwünschten Schrifttums« vom Oktober 1935 indizierten Werke in Reprints einer interessierten Öffentlichkeit zur Verfügung gestellt. Die ersten zehn Bände sind 2008 erschienen und nicht ausschließlich für den Buchhandel produziert, sondern auch mit dem Dokumentationsband *Orte der Bücherverbrennungen* ca. 3.500 Schulen in Deutschland geschenkt worden, um im fächerübergreifenden Unterricht – Deutsch, Geschichte, Politik, Werte und Normen – Verwendung zu finden. Weitere 110 Bände sollen in den kommenden Jahren folgen. Tatsächlich sind es nicht allein die bekannten Autoren, mit denen die Reihe eröffnet wird, und es sind nicht auschließlich deutsche Autoren, die ausgewählt wurden. Auch finden wir – entsprechend der Programmatik – nicht nur literarische Werke.

Die Reprints von André Gides *Kongo und Tschad* (Stuttgart, Berlin, Leipzig: Deutsche Verlags-Anstalt, [1930]), Erich Kästners *Herz auf Taille und Lärm im Spiegel* (Leipzig, Wien: C. Weller Verlag, [1928]), Franz Kafkas *Beim Bau der Chinesischen Mauer* ([Berlin]: Gustav Kiepenheuer, 1931), Gina Kaus' *Morgen um Neun* (Berlin: Ullstein, [1932]), Jack Londons *Martin Eden* (Berlin: Büchergilde Gutenberg, 1927), Walther Rathenaus *Zur Kritik der Zeit* (Berlin: S. Fischer, 1912), Anna Seghers' *Auf dem Wege zur amerikanischen Botschaft*

(Berlin: Gustav Kiepenheuer, 1930) und Kurt Tucholskys *Lerne Lachen ohne zu weinen* (Berlin: Ernst Rowohlt, 1931) werden durch ein 5–9seitiges Nachwort jeweils ergänzt. In Theodor Heuss' *Hitlers Weg. Eine historisch-politische Studie über den Nationalsozialismus* (Stuttgart, Berlin, Leipzig: Union Deutsche Verlagsgesellschaft, 1932) finden wir zusätzlich ein einführendes Geleitwort. Eine Ausnahme bildet Salomo Friedlaenders *Kant für Kinder. Fragelehrbuch zum sittlichen Unterricht* (Hannover: Paul Steegemann, [1924]), das nicht nur mit einem dreiseitigen Vorwort des Herausgebers der Friedlaender-Gesamtausgabe Hartmut Geerken eröffnet, sondern auch um einen 43seitigen Essay des Friedlaender-Forschers Detlef Thiel »Kants Kinder« mit abschließendem Zitat- und Quellennachweis, Literatur-, Namen-, Sach- und Druckfehlerverzeichnis erweitert worden ist.

Bleibt zu hoffen, dass es der *Bibliothek Verbrannter Bücher* nicht ergeht wie weiland der *Bibliothek der verbrannten Bücher*, mit deren Edition der Hamburger Konkret Literatur Verlag 1979 begonnen hatte, bevor diese 1981 vom Frankfurter Fischer Verlag übernommen worden ist und schließlich 1993 eingestellt wurde, ohne überhaupt eine nennenswerte Anzahl von Werken auf den Buchmarkt gebracht zu haben.

## Volker Weidermann: *Das Buch der verbrannten Bücher*

Der Feuilletonchef der *Frankfurter Allgemeinen Sonntagszeitung* Volker Weidermann hat 2006 mit *Lichtjahre. Eine kurze Gesichte der deutschen Literatur von 1945 bis heute* einen Überraschungserfolg erzielt, der 2008 mit *Das Buch der verbrannten Bücher* eine Fortsetzung finden sollte. Der konzeptionelle Grundgedanke des Buches ist von bestechender Schlichtheit: Alle AutorInnen, die »auf der ersten schwarzen Liste der ›Schönen Literatur‹ standen«, die am 16. Mai 1933 im *Börsenblatt* veröffentlicht wurde und die »Grundlage für die Bücherverbrennung« gebildet habe – es handelt sich um 131 AutorInnen, vierundneunzig deutschsprachige und siebenunddreißig fremdsprachige –, möchte Weidermann vorstellen (9f. und 16): »Das ist das Ziel dieses Buches. Die Vergessenen dem Vergessen zu entreißen, ihr Leben und ihre Bücher Ihnen, den Lesern von heute, wieder nahe zu bringen. Den Sieg der Bücherverbrennung in eine Niederlage zu verwandeln [...]« (11). Das ist dann wohl doch mehr, als ein Buch leisten kann, aber mit diesen wenigen pathetischen Worten wird schon deutlich, dass der Titel *Das Buch der verbrannten Bücher* nicht ganz stimmig ist, denn es stehen nicht die Bücher, sondern deren AutorInnen im Mittelpunkt, so sehr, dass man gelegentlich nicht einmal erfährt, aus welchem Grund der eine oder die andere SchriftstellerIn auf der *Schwarzen Liste* stand, an der sich Weidermann orientiert. Und gelegentlich scheint das Wirken und Schreiben im Exil und sogar in der Nachkriegszeit interessanter als die Werke, die indiziert worden sind. Über Anna Seghers etwa erfahren wir praktisch nichts über ihr Leben und Werk vor der Bücherverbrennung (186ff.), erwähnenswert ist für Weidermann nur die Exilzeit und *Das Siebte Kreuz* (1942); und Alexander Lernet-Holenia scheint vor dem »Radetzkymärschchen« *Die Standarte* (1934) offenbar nichts veröffentlicht zu haben (71ff.), und dass seine »Gedichte« explizit vom Autodafé ausgenommen wurden (siehe Sauder 1983, 124), ist wohl nicht so wichtig, denn dass »auch seine Bücher brannten, war wohl ein Missverständnis oder ein Übereifer« (72). Dass sowohl Seghers als auch Lernet-Holenia Ende der zwanziger Jahre mit dem Kleist-Preis ausgezeichnet worden sind, müssen wir Leser auch nicht wissen, da Weidermann davon ausgeht, »dass vieles schon bekannt ist und es hier um Neues geht« (11) – letzteres mag auch als Salvationsformel gedacht sein, mit der jeglicher Verzicht auf grundlegende Informationen entschuldigt werden und eine gewisse Beliebigkeit der Informationsauswahl Einzug halten kann. Weidermann verzichtet denn auch auf jeglichen wissenschaftlichen Nachweis und ein Literaturverzeichnis.

Dazu passt es denn auch gut, dass die Frage gar nicht thematisiert wird, auf welche Weise die am 16. Mai im *Börsenblatt* veröffentlichten Listen Grundlage von Bücherverbrennungen am 10. Mai gewesen sein können, und ob nicht doch die Listen, die am 26. April und am 1. Mai im Hauptamt der Deutschen Studentenschaft eintrafen und dann weiter verschickt worden sind, vielerorts die Grundlage bildeten, letztere mit 127 Autoren und vier Anthologien (siehe Treß 2008, 104 und 251ff.) – vier Anthologien, die sich auch in der Referenzliste mit den 131 AutorInnen finden (siehe Sauder 1983, 122 und 123), aber wo nur bei Weidermann? Und warum erfahren wir Leser nicht, dass vom Hauptamt der Deutschen Studentenschaft, die Verbrennung von fünfzehn in neun Feuersprüchen auszurufenden Autoren, die natürlich nicht alle auf Weidermanns Referenzliste stehen, für verbindlich erklärt wurde (siehe Treß 2008, 110)? Man hätte die sich daraus ergebende Hierarchie der verfolgten, verfemten Autoren ja nicht übernehmen müssen, aber sie zu verschweigen? Die Feuersprüche hätten vielleicht auch Stichworte für eine schlüssige Kategorisierung der »verbrannten Dichter« bieten können, denn ein Gliederungsprinzip ist bei Weidermann teilweise schlichtweg nicht zu erkennen und beschränkt sich gelegentlich nur auf ein beliebiges Tertium comparationis, über das mehrere AutorInnen in einem von insgesamt 23 Kapiteln miteinander verknüpft werden. So werden denn die fremdsprachigen Autoren in Kapitel 21 »Brennende Schmetterlinge« (205–217) auf 12½ Seiten abgehandelt und dabei seltsamerweise Vera Inber, Leonid

Leonow, Jurij Libedinsky und Wladimir Lidin gar nicht erwähnt (vgl. Sauder 1983, 124). Diese vier sowjetischen AutorInnen suchen wir auch im Register »Die Autoren und ihre Werke« (246–253) vergeblich. Aber Weidermann hatte ja schon im »Vorwort« deutlich gemacht: »Der Schwerpunkt dieses Buches liegt auf den deutschen Autoren.« (10)

Erfreulicherweise finden wir im Buch der verbrannten Bücher keine Doubletten aus *Lichtjahre*. Denn dass Erich Maria Remarque nach dem Zweiten Weltkrieg »Osnabrück nie wieder besucht« habe, wie in *Lichtjahre* (27) noch behauptet wird, ist sachlich falsch, da er sich bekanntlich in den Jahren 1952, 1953 und 1954, wenn auch nur kurz, in seiner Geburtsstadt aufgehalten hat. Im *Buch der verbrannten Bücher* findet sich diese Behauptung also nicht wieder – kurioserweise scheint es Weidermann wichtig, Heinz Liepman mit dem Zwischentitel ohne jegliche nähere Erläuterung im Text als Osnabrücker zu charakterisieren: »Morphium-Sucht und aufrechter Gang aus Osnabrück« (134), während die Stadt in dem Abschnitt zu Remarque (51–55) überhaupt nicht mehr erwähnt wird. Im *Buch der verbrannten Bücher* sind es im Bezug auf Remarque lediglich kleinere Fehler, die zu korrigieren sind: Die Erstausgabe von *Drei Kameraden* ist nicht »1937« (54 und 251) erschienen, sondern im Dezember 1936 u.d.T. *Kammerater* auf dänisch, und im Verzeichnis »Die Autoren und ihre Werke« ist der Roman *Zeit zu leben und Zeit zu sterben* – nicht: »*Zeit zu leben, Zeit zu sterben*« (54 und 251) – durch einen Zahlendreher auf »1945« (251) statt 1954 datiert und dann konsequent in der chronologischen Reihenfolge zwischen *Arc de Triomphe*, 1945, und *Der Funke Leben*, 1952, eingeordnet worden. Die Lektüre der ungenannten Remarque-Biographie von Wilhelm von Sternburg »*Als wäre alles das letzte Mal*« (Köln 1998) war für die sachliche Korrektheit sicher hilfreich und wirkt bis in die einzelnen Formulierungen nach (vgl. Weidermann, 54f., mit Sternburg, 33, zu Hemingway und Fitzgerald über Remarque).

Vielleicht ist Weidermanns Buch doch ein wenig besser, als hier rezensiert, aber das Beste an diesem verunglückten ›Buch der Bücher‹ ist zweifelsfrei ein extremer Mangel an Druckfehlern, der mancher wissenschaftlichen Publikation zu wünschen wäre.

## Werner Treß (Hg.): *Verbrannte Bücher 1933. Mit Feuer gegen die Freiheit des Geistes*

Übersichtlicher angelegt und klarer gegliedert ist die im vergangenen Jahr von Werner Treß vorgelegte Anthologie *Verbrannte Bücher 1933. Mit Feuer gegen die Freiheit des Geistes* mit Texten von 57 deutsch- und fremdsprachigen AutorInnen, die unter sechs Oberbegriffe – »Judentum«, »Marxismus«, »Pazifismus«, »Moderne in Literatur und Wissenschaft«, »Frauenbewegung und Frauenliteratur«, »Freiheit und soziale Demokratie« – gefasst werden. Die größten Gruppen bilden die unter »Pazifismus« und »Moderne in Literatur und Wissenschaft« subsummierten 28 SchriftstellerInnen, wobei letztere denn doch eine männliche Domäne gewesen zu sein scheint. Den bis zu 20 Seiten langen, exemplarischen Texten ist jeweils eine Kurzbiographie vorangestellt, in der Leben und Werk charakterisiert werden und die dann einen Einstieg in den ausgewählten Text bietet. Dass bei der Vielzahl der AutorInnen Fehler nicht zu vermeiden waren, verwundert nicht: der Protagonist in *Im Westen nichts Neues* heißt Paul und nicht »Peter« Bäumer (223); auch ist Erich Maria Remarques Roman *Arc de Triomphe* zuerst 1945 und nicht »1946« (224) erschienen.

Mit seiner »Einleitung« (7–54) bietet Treß souverän einen Überblick über die nationalsozialistischen Bücherverbrennungen. Über ein Literaturverzeichnis hinaus, in dem sich sowohl der Nachweis der Textgrundlagen der ausgewählten Texte als auch knappe Hinweise auf weiterführende Sekundärliteratur zu den einzelnen Autoren und allgemein zum Thema »Bücherverbrennungen« (613–628) finden, bietet der »Anhang« auch ein Verzeichnis von 407 (!) AutorInnen, deren Bücher bei den Bücherverbrennungen 1933 im Deutschen Reich idealiter, weil auf den Schwarzen Listen indiziert, oder nachweislich real vernichtet worden sind (629–635).

Nachtrag: Als zweiter Band der von Julius H. Schoeps und Werner Treß im Rahmen des Forschungs- und Editionsprojekts »Bibliothek Verbrannter Bücher« herausgegebenen wissenschaftlichen Begleitbände ist just erschienen: *Verfemt und verboten. Vorgeschichte und Folgen der Bücherverbrennungen 1933* (Hildesheim, Zürich, New York: Georg Olms, 2010). Ein dritter Band, mit dem die Schwarzen Listen und deren Entstehung dokumentiert werden sollen, befindet sich in Vorbereitung.

Claudia Glunz, Thomas F. Schneider

# Remarque-Forschung 1930–2010
# Ein bibliographischer Bericht

## Vorwort

Vierzig Jahre nach Remarques Tod, mehr als ein Vierteljahrhundert nach der ersten Bibliographie zu Leben und Werk Remarques und mehr als 20 bzw. 10 Jahre nach den ersten Forschungsbibliographien ist es an der Zeit, ein vorläufiges Resümee der Remarque-Forschung zu ziehen und der Öffentlichkeit ein Verzeichnis an die Hand zu geben, welches die internationale Forschungsliteratur unter inhaltlichen Gesichtspunkten strukturiert und damit Möglichkeiten eröffnet, die weiterhin bestehenden Forschungslücken und Desiderata zu schließen.

Bereits kurz nach der Veröffentlichung von *Im Westen nichts Neues* 1928/29 erschienen die ersten essayistischen und wissenschaftlichen Arbeiten zu Leben und dem damals noch recht schmalen Werk Erich Maria Remarques, die den Text in die zeitgenössische Kriegsliteratur einzuordnen versuchten oder gar erste Versuche einer Biographie unternahmen. Doch als nahezu 15 Jahre nach Remarques Tod die von dem Anglisten Tilman Westphalen initiierte und geleitete Erich Maria Remarque-Dokumentationsstelle, die später in das Erich Maria Remarque-Archiv überging, Mitte der 1980er Jahre an der Universität Osnabrück ihre Arbeit aufnahm, lagen noch keine Ergebnisse der Grundlagenforschung vor. Die Arbeit der Dokumentationsstelle konnte sich nahezu ausschließlich auf die bio-bibliographischen Vorarbeiten des Kanadiers Claude R. Owen (002) stützen und sah sich mit der Situation konfrontiert, dass ein weltweit in zahllosen Ausgaben verbreiteter, gelesener und geschätzter Autor kaum Gegenstand literaturwissenschaftlicher Arbeiten gewesen war. Die zu diesem Zeitpunkt vorliegenden Monographien waren entweder von ideologischen Vorgaben dominiert (Antkowiak: 048) oder litten unter der fehlenden Grundlagenforschung (Barker/Last: 109, Firda: 114).

So stellte die anlässlich des 90. Geburtstages Remarques vorgelegte zweibändige, von Tilman Westphalen herausgegebene *Erich Maria Remarque Bibliographie* (003) den eigentlichen Startschuss für eine umfassende internationale Remarque-Forschung dar, der begleitet wurde vom ersten, allein Remarque gewidmeten wissenschaftlichen Kongress ebenfalls 1988 an der Universität Osnabrück sowie vom seit 1991 erscheinenden *Erich Maria Remarque Jahrbuch/Yearbook* (026ff.), das der Remarque-Forschung ein ständiges wissenschaftliches Periodikum zur Verfügung stellte.

Seit Anfang der 1990er Jahre ist die Remarque-Forschung gewissermaßen explodiert: Die *Remarque-Bibliographie* sowie das 1991 erstmals publizierte Verzeichnis des an der New York University verwahrten Nachlasses Remarques (009) legten die Basis für eine intensive Auseinandersetzung mit Leben und Werk des Autors von nicht nur *Im Westen nichts Neues*, die durch eine weitere Tagung 1998, ebenfalls an der Universität Osnabrück, die Edition eines Großteils des bis dahin unbekannten Werkes in einer fünfbändigen Ausgabe ebenso wie durch die kommentierten Neuausgaben aller Romane auf eine solide Basis gestellt wurde. Hinzu kamen anlässlich des 100. Geburtstages Remarques die grundlegenden Biographien von Julie Gilbert (059) und Wilhelm von Sternburg (060).

Gemäß der internationalen Beschäftigung mit Remarque bildeten sich seit den 1990er Jahren drei Zentren der Remarque-Forschung heraus: Neben dem 1996 in das von Stadt und Universität Osnabrück gemeinsam getragene Erich Maria Remarque-Friedenszentrum übergegangene Erich Maria Remarque-Archiv an der Universität Osnabrück, das bis 2000 von Tilman Westphalen geleitet wurde, ein Zentrum an der University of Stirling (Schottland) unter der Leitung von Brian Murdoch und ein weiteres an der Nördlichen Internationalen Universität Magadan (Russland) unter der Leitung von Roman Tschaikowski. Hier wurden und werden kontinuierlich Forschungsergebnisse vorgelegt und Forschungen im internationalen Rahmen initiiert. Zwar steht weiterhin international *Im Westen nichts Neues* im Mittelpunkt der auch interdisziplinären Arbeiten – nicht zuletzt weil dieser Text in den Curriculae von Schulen und Hochschulen weltweit aufgenommen wurde –, doch erstreckt sich das Spektrum der Arbeiten zunehmend auf die Romane der 1950er Jahre, die Exil-Romane und biographische Arbeiten.

Deutlich wurde seit den 1990er Jahren zudem durch zahlreiche Arbeiten zur Rezeption der Werke Remarques in einzelnen Ländern, dass die Rezeption dieses Autors jeweils mit unterschiedlichen inhaltlichen Schwerpunkten abhängig von den jeweiligen kulturpolitischen Debatten und Kontexten verlaufen ist und verläuft.

Remarque ist demnach nicht primär ein deutscher Autor, der auch international gelesen wird, sondern Remarque ist ein internationaler Autor, der je nach historischer und politischer Situation in das kulturelle Gedächtnis und die kulturelle Tradition einzelner Länder integriert worden ist. Dieses – möglicherweise für die deutsche Literatur singuläre – Phänomen gestaltet sowohl die Beschäftigung als auch die Forschungen zu Erich Maria Remarque so spannend und zugleich vielfältig.

Dennoch bleiben Lücken, die auch und vor allem Fragen der Grundlagenforschung betreffen: Das Gesamtwerk Remarques, insbesondere im Hinblick auf die unselbständigen Veröffentlichungen, ist nicht bekannt und kaum erforscht; die für die Forschung außerordentlich ergiebigen Tagebücher des Autors werden mangels einer vollständigen kommentierten Edition bislang kaum in die Forschungen einbezogen; große Teile der Biographie liegen noch im Dunkel; das Fehlen einer kommentierten Neuausgabe der Romane steht vor allem interpretatorischen und komparatistischen Arbeiten im Wege.

Wir verbinden mit der vorliegenden Forschungsbibliographie daher die Hoffnung, dass sie die Grundlage bereit stellt, einige der angesprochenen oder andere Forschungslücken zu schließen.

Die Bibliographie verzeichnet die vorliegende, bekannte oder ermittelte internationale Forschungsliteratur zu Leben und Werk Erich Maria Remarques. Hierin eingeschlossen sind Monographien, Beiträge in Sammelbänden und wissenschaftlichen Zeitschriften, Nachworte zu Ausgaben, sofern sie den interpretatorisch-essayistischen Rahmen überschreiten, sowie Dissertationen und Examensarbeiten; letztere wurden aufgenommen, da sie sich häufig mit in der Forschung unterrepräsentierten Themen beschäftigen und häufig neue Forschungsergebnisse präsentieren.

Zur besseren Handhabung wurde die Bibliographie nach inhaltlichen Gesichtspunkten chronologisch nach dem Erscheinungszeitpunkt der jeweiligen Werke Remarques gegliedert. Innerhalb dieser Gliederung erfolgt die Verzeichnung der einzelnen Titel chronologisch und gegebenenfalls innerhalb eines Jahres autoren-alphabetisch. Beschäftigt sich eine Arbeit mit mehreren inhaltlichen Fragestellungen oder Werken, wird der Titel mehrfach verzeichnet. Auf Verweise wurde daher zugunsten einer besseren Handhabbarkeit der Bibliographie verzichtet.

Der Verzeichnung von Sammelbänden und soclher Ausgaben von Periodika, die sich ausschließlich mit Remarque beschäftigen, wurden zur zusätzlichen Information Inhaltsverzeichnisse beigegeben; die einzelnen Beiträge finden sich zudem unter den jeweiligen inhaltlichen Kategorien verzeichnet.

Die Transkription nicht-lateinischer Alphabete folgt wie die gesamte Verzeichnung den Richtlinien der MLA.

Die Vollständigkeit der Verzeichnung wurde angestrebt, konnte wegen des insgesamt internationalen Charakters der Forschung zu Leben und Werk Remarques mit Sicherheit jedoch nicht erzielt werden. Für Nachträge, Hinweise und Korrekturen sind die Bearbeiter daher jederzeit dankbar. Alle verzeichneten Titel sind über das Erich Maria Remarque-Archiv im Erich Maria Remarque-Friedenszentrum erreichbar und können eingesehen werden.

Redaktionsschluss der Bibliographie war der 31. Mai 2010.

Osnabrück, im Juni 2010
Claudia Glunz und Thomas F. Schneider

## Gliederung

## Bibliographien/Bibliographies

001 John F. Riddick. »Erich Maria Remarque. A Bibliography of Biographical and Critical Material, 1929–1980«. *Bulletin of Bibliography* 39 (1982), 4, 207–210.

002 Claude R. Owen. *Erich Maria Remarque. A critical bio-bibliography.* Amsterdam: Rodopi, 1984, 364 pp.

003 Tilman Westphalen. Hermann Flau, Angelika Howind, Thomas Schneider, Annegret Tietzeck, Detlef Vornkahl, Josef Wennemer. *Erich Maria Remarque Bibliographie. Quellen Materialien Dokumente.* 2 Vols. Osnabrück: Universität, 1988 (Schriftenreihe der Erich Maria Remarque-Dokumentationsstelle 4/5), XXXIX + 435 pp.

004 a Thomas F. Schneider. *Erich Maria Remarque. Der Nachlaß in der Fales Library, New York University. Ein Verzeichnis.* Erich Maria Remarque-Archiv/Forschungsstelle Krieg und Literatur (ed.). 3 Vols. (in 4). [Supplement vol. 4: *Erich Maria Remarque Nachlass. Konkordanz: Verzeichnis – Mikroverfilmung*]. Osnabrück: Universität, 1989, XVIII, 1168 [+ 114] pp.

b Thomas F. Schneider. *Erich Maria Remarque. Der Nachlaß in der Fales Library, New York University. Ein Verzeichnis.* Erich Maria Remarque-Archiv/Forschungsstelle Krieg und Literatur (ed.). 2nd revised edition. Osnabrück: Universität, 1991, 2 Vols., 645 pp.

005 Thomas F. Schneider. *Erich Maria Remarque. Im Westen nichts Neues. Bibliographie der Drucke.* Bramsche: Rasch, 1992, 126 pp.

006 Thomas F. Schneider. »Erich Maria Remarque (1898–1970). Exil in der Schweiz, Frankreich und den USA 1933–1948«. John M. Spalek, Konrad Feilchenfeldt, Sandra H. Hawrylchak (eds.). *Deutschsprachige Exilliteratur seit 1933.* Band 4: *Bibliographien. Schriftsteller, Publizisten und Literaturwissenschaftler in den USA.* Bern, München: K.G. Saur, 1994, 1504–1526.

007 Claudia Glunz, Thomas F. Schneider. *Erich Maria Remarque. Werke der frühen fünfziger Jahre. Der Funke Leben, Zeit zu leben und Zeit zu sterben, Die letzte Station. Bibliographie der Drucke.* Osnabrück: Universitätsverlag Rasch, 1995 (Schriften des Erich Maria Remarque-Archivs 10), 80 pp.

008 Thomas F. Schneider, Donald Weiss. *Erich Maria Remarque. Die Traumbude, Station am Horizont, die unselbständigen Publikationen. Eine Bibliographie.* Osnabrück: Universitätsverlag Rasch, 1995 (Schriften des

Erich Maria Remarque-Archivs 9), 156 pp.

009 Thomas F. Schneider. *Erich Maria Remarque. Konvolute im Erich Maria Remarque-Archiv, Osnabrück. Der Nachlaß in der Fales Library – New York University. Nachträge.* Osnabrück: Universität Osnabrück/Erich Maria Remarque-Archiv, 1996, 292 pp.

010 Thomas F. Schneider. »Wissenschaftliche und biographische Publikationen zu Leben, Werk und weltweiter Wirkung Remarques 1988 – 1998«. Thomas F. Schneider (ed.). *Erich Maria Remarque. Leben, Werk und weltweite Wirkung.* Osnabrück: Universitätsverlag Rasch, 1998 (Schriften des Erich Maria Remarque-Archivs 12/Erich Maria Remarque Jahrbuch/Yearbook 8), 553–569.

011 Thomas F. Schneider. »Interviews mit Remarque und Berichte von Pressekonferenzen. Eine kommentierte Bibliographie«. *Erich Maria Remarque Jahrbuch/Yearbook* 10 (2000), 137–165.

012 »Katalog der internationalen Buchausgaben der Werke Erich Maria Remarques«. www.remarque.uos.de/ausgaben/katalog.htm (2001).

013 »Erich Maria Remarque. Werkverzeichnis«. www.remarque.uos.de/werke/werkverzeichnis.htm (2001).

014 »Works by Erich Maria Remarque. Bibliography«. Brian Murdoch (ed.). *Critical Insights: All Quiet on the Western Front.* Pasadena/CA: Salem Press, 2010.

## Einzelne Länder und Sprachen/Selected Countries and Languages

### *China*

015 Li Qinghua. »Zur Remarque-Rezeption in China«. *Krieg und Literatur/War and Literature* 1 (1989), 1, 49–52.

### *Jugoslawien/Yugoslavia*

016 Bojana Ćirović. »Die Remarque-Rezeption auf dem Gebiet des ehemaligen Jugoslawiens 1929–1995. Eine Bibliographie«. *Erich Maria Remarque Jahrbuch/Yearbook* 6 (1996), 86–118.

### *Litauen/Lithuania*

017 Elena Daunaraviciute. »Die Remarque-Rezeption in Litauen«. *Erich Maria Remarque Jahrbuch/Yearbook* 9 (1999), 188–193.

### *Niederlande/The Netherlands*

018 Karen M. Beukers. »Die Remarque-Rezeption in den Niederlanden«. *Erich Maria Remarque Jahrbuch/Yearbook* 4 (1994), 101–114.

*Polen/Poland*

019 Roman Dziergwa. »Die Remarque-Rezeption in Polen. Eine Bibliographie«. *Erich Maria Remarque Jahrbuch/Yearbook* 1 (1991), 71–86.

*Sowjetunion/Soviet Union*

020 »Erich Maria Remarque. Die Werke in den Sprachen der Sowjetunion. Bibliographie«. *Mitteilungen der Erich Maria Remarque Gesellschaft Osnabrück e.V.*, 5/6 (1989), 50–64.

021 Galina P. Kromina, Thomas Schneider. »Remarque und seine Werke in der Sowjetunion. Bibliographie«. *Erich Maria Remarque Jahrbuch/Yearbook* 1 (1989), 87–114.

022 O.M. Fadeeva. »Materialy k bibliografii rabot o tvorchestve E.M. Remarka i o perevodakh ego proizvedenij na russkij iazyk«. R.R. Tschaikowski (ed.). *Perevod i perevodtsiki. Nauchnij al'manakh.* Vypusk 2: *E.M. Remark.* Magadan: Kordis, 2001, 111–117.

*Tschechoslowakei/Czechoslovakia*

023 Radoslava Pritzová. »Erich Maria Remarque in der Tschechoslowakei«. *Erich Maria Remarque Jahrbuch/Yearbook* 7 (1997), 136–162.

*Türkei/Turkey*

024 B. Sevinç Mesbah. »Die Remarque-Rezeption in der Türkei. Eine Bibliographie«. *Erich Maria Remarque Jahrbuch/Yearbook* 3 (1993), 107–111.

## Periodika/Periodicals

### *Mitteilungen der Erich Maria Remarque Gesellschaft Osnabrück e.V.*

021 *Mitteilungen der Erich Maria Remarque Gesellschaft Osnabrück e.V.* 1 (März 1987), 24 pp.

022 *Mitteilungen der Erich Maria Remarque Gesellschaft Osnabrück e.V.* 2 (Juli 1987): *Remarques politisches Engagement*, 28 pp.

023 *Mitteilungen der Erich Maria Remarque Gesellschaft Osnabrück e.V.* 3 (März 1988): *Remarque als Rezensent*, 24 pp.

024 *Mitteilungen der Erich Maria Remarque Gesellschaft Osnabrück e.V.* 4 (September 1988): *Elfriede Scholz*, 28 pp.

025 *Mitteilungen der Erich Maria Remarque Gesellschaft Osnabrück e.V.* 5/6 (November 1989): *Remarque in der Sowjetunion*, 68 pp.

### *Erich Maria Remarque Jahrbuch/Yearbook*

026 *Erich Maria Remarque Jahrbuch/Yearbook* 1 (1991), 120 pp.
Inhalt/Content: Editorial
Günter Hartung: Zum Wahrheitsgehalt des Romans *Im Westen nichts Neues*
Hubert Orłowski: Die polnische Kriegsliteratur und Erich Maria Remarque
Li Qinghua: Remarque-Rezeption in China
Peter Dörp: Goebbels' Kampf gegen Remarque (I)
Erich Maria Remarque: *Herbstfahrt eines Phantasten*
Lion Feuchtwanger, Bruno Frank, Max Horkheimer, Thomas Mann, Erich Maria Remarque, Franz Werfel: An Upton Sinclair in New York, NY, 15. Mai 1942
Roman Dziergwa: Die Remarque-Rezeption in Polen. Eine Bibliographie
Galina P. Kromina/Thomas Schneider: Remarque und seine Werke in der Sowjetunion. Bibliographie

027 *Erich Maria Remarque Jahrbuch/Yearbook* 2 (1992), 120 pp.
Inhalt/Content: Editorial
Roman Dziergwa: Erich Maria Remarque und Polen. Texte und Dokumente zur Rezeption des Schriftstellers und seines Werkes in Polen
Wolfgang Weig: Erich Maria Remarques Roman *Der schwarze Obelisk* aus psychiatrischer Sicht
Thomas F. Schneider: Von *Pat* zu *Drei Kameraden*. Zur Entstehung des ersten Romans der Exil-Zeit Remarques
Erich Maria Remarque: Briefe an Edith Doerry-Roseveare (1924–1957)
Hans Wagener. *Understanding Erich Maria Remarque* (Schneider)
Bärbel Schrader. *Der Fall Remarque* (Voigt)

028 *Erich Maria Remarque Jahrbuch/Yearbook* 3 (1993), 120 pp.
Inhalt/Content: Editorial
Emil Ludwig: *Remarque*. Mit einer Einleitung von Gordon Ludwig

Helmut Morr: Heinz Liepman – oder kein Ende der Emigration

Jürgen Labenski: Der Film *Im Westen nichts Neues.* Anmerkungen zur rekonstruierten Fassung

Werner Skrentny: »Es ist mir gesagt worden, daß ich nicht mehr nach Deutschland kommen soll...« Carl Laemmle, Produzent des Films *Im Westen nichts Neues*

Peter Dörp: Goebbels' Kampf gegen Remarque (II)

Heiko Hartleif: Filmzensur in der Weimarer Republik. Zum Verbot des Remarque-Films *Im Westen nichts Neues.* Eine Fallanalyse im Geschichtsunterricht der gymnasialen Oberstufe

*Im Westen nichts Neues.* Deutsche Synchronfassung (1930)

B. Sevinç Mesbah: Die Remarque-Rezeption in der Türkei. Eine Bibliographie.

Der Feind. Erzählungen. Bibliographie

029 *Erich Maria Remarque Jahrbuch/ Yearbook* 4 (1994), 120 pp.

Inhalt/Content: Editorial

Hubert Orłowski: Stacheldrahtuniversum und Literatur. Zu Remarque und anderen

Thomas F. Schneider: »Heißes Eisen in lauwarmer Hand«. Zur Rezeption von Erich Maria Remarques *Der Funke Leben*

Howard Michael De Leeuw: Remarque's Use of Simile in *Im Westen nichts Neues*

Harald Kloiber: Struktur, Stil und Motivik in Remarques *Im Westen nichts Neues*

Ilsetraut Lindemann: Von der Schwierigkeit, in Osnabrück eine Straße nach Erich Maria Remarque zu benennen

Jewgenija W. Rosen: Studentische Arbeiten zu Remarque in Tver'

Juan de Lavalette: *Die Vielgelesenen*

Donald Weiss: Erläuterungen: Wer ist Juan de Lavalette? Die Vielgelesenen – ein Artikel als Zeugnis des »Frühwerks« Remarques

Brian O. Murdoch. *Remarque. Im Westen nichts Neues* (Schneider)

Richard Arthur Firda. *All Quiet on the Western Front* (Schneider)

Karen M. Beukers: Die Remarque-Rezeption in den Niederlanden. Eine Bibliographie

030 *Erich Maria Remarque Jahrbuch/ Yearbook* 5 (1995), 136 pp.

Inhalt/Content: Editorial

Walfried Hartinger: Bruno Apitz, *Nackt unter Wölfen.* Zur zeitgeschichtlichen Relevanz und langdauernden Wirkung des Romans

Brian Murdoch: Habent sua fati libelli: Ernst Johannsen's *Vier von der Infanterie* and Remarque's *Im Westen nichts Neues*

Petra Köhler-Haering: Remarques Roman *Drei Kameraden* als Unterrichtsgegenstand an sowjetischen und russischen Hochschulen

Sergei Schepotiev: Russians in Erich Maria Remarque's Novels

Rainer Jeglin: Zweimal Osnabrück, Pappelgraben. Karl-May-Erinnerungen im Werk von Erich Maria Remarque

Heinrich Placke: Die politischen Diskussionen um den Remarque-Film *Der letzte Akt* (Österreich 1955)

Marc Wilhelm Küster: Die Manuskriptlage zu Remarques *Schatten im Paradies*

Erich Maria Remarque über sein Werk [Interview mit *Algemeen Handelsblad*, 8. März 1930]

Erich Maria Remarque. *All Quiet on the Western Front.* Translated by Brian O. Murdoch. (De Leeuw)

Franz Baumer. *Erich Maria Remarque* (Glunz)

031 *Erich Maria Remarque Jahrbuch/ Yearbook* 6 (1996), 126 pp.

Inhalt/Content: Madina Chadsijewa: Große Tragödie eines kleinen Volkes

Brian Murdoch: »We Germans...?« Remarques englischer Roman *All Quiet on the Western Front*

Heather Valencia: Some Notes on the Yiddish Editions of Remarque's *Im Westen nichts Neues*

Kim Allen Scott: Iron Men and Paper Warriors. Remarque, Binding and Weimar Literature

Thomas Fleischer: Remarques Rückkehr auf den deutschsprachigen Buchmarkt nach 1945

Martina Krause: 10 Jahre Erich Maria Remarque Gesellschaft e.V. in Osnabrück

Yang Changxi: Film und Bühnenstücke *Im Westen nichts Neues* (Übersetzung Li Qinghua)

Hille Greve. *Erich Maria Remarque. Heute du, morgen ich* (Jeglin)

Bojana Ćirović: Die Remarque-Rezeption auf dem Gebiet des ehemaligen Jugoslawiens 1929–1995. Eine Bibliographie

032 *Erich Maria Remarque Jahrbuch/ Yearbook* 7 (1997), 168 pp.

Inhalt/Content: Editorial

Alexander Stephan: Ausgebürgert. Erich Maria Remarque und die Nazi-Bürokratie

Martina Krause: » in den Fluten des radiumhaltigen Kleinstadtwassers«. Erich Maria Remarque und Osnabrück

Karen M. Beukers: Die Remarque-Rezeption in den Niederlanden

Sergei Schepotiev: Erich Maria Remarque and Some Motifs of the Soviet War Prose

Gerhard Müller: »Rosinen mit Mandeln«. Ein jiddisches Wiegenlied bei Remarque

Istvan Hertelendy: Erich Maria Remarque in Budapest. Ein Gespräch mit dem weltberühmten Autor von *Im Westen nichts Neues*

Jeanine Delpech: Remarque ist in Paris

Bernhard Nienaber. *Vom anachronistischen Helden zum larmoyanten Untertan* (Placke)

Julie Gilbert. *Opposite Attraction. The Lives of Erich Maria Remarque and Paulette Goddard* (Schneider)

Radoslava Pritzová: Erich Maria Remarque in der Tschechoslowakei

033 *Erich Maria Remarque Jahrbuch/ Yearbook* 8 (1998): *Erich Maria Remarque. Leben, Werk und weltweite Wirkung*, 588 pp.

Inhalt/Content:

Hubert Orłowski: ›Die Grenze der Zwei‹ oder auf der Flucht vor der Trivialität. Zu den Romanen von Erich Maria Remarque

Thomas F. Schneider: »Am besten nichts Neues«? Zum Stand der Remarque-Forschung

Petra Oerke: »Geliebter Fritz«. Entstehung und biographischer Hintergrund von Remarques erstem Roman *Die Traumbude* (1920)

Bernhard Stegemann: Autobiographisches aus der Seminar- und Lehrerzeit von Erich Maria Remarque im Roman *Der Weg zurück*

Rolf Parr: Tacho. km/h. Kurve. Unfall. Körper. Erich Maria Remarques journalistische und kunstliterarische Autofahrten

Jurij Varzonin: *Der Feind: Liebe Deinen Nächsten* – die Rhetorik eines Christen

Jens Ebert: Der Roman *Im Westen nichts Neues* im Spiegel der deutschsprachigen kommunistischen Literaturkritik der 20er und 30er Jahre

Günter Hartung: Gegenschriften zu *Im Westen nichts Neues* und *Der Weg zurück*

Rainer Bendick: *Im Westen nichts Neues* und die pädagogisch-didaktischen Diskussionen in

Deutschland und Frankreich Ende der 20er / Anfang der 30er Jahre
Hans Beller: Der Film *All Quiet on the Western Front* und die Feindbildproduktion in Hollywood
Walter Maus: Der Golfkrieg, *Im Westen nichts Neues*, die digitale Bildtechnik und der Glaube an die Wahrheit
Rainer Jeglin/Irmgard Pickerodt: Weiche Kerle in harter Schale. Zu *Drei Kameraden*
Jan-Christopher Horak: Ewig auf der Flucht. Die Romanverfilmung *So Ends Our Night*
Helga Schreckenberger: Erich Maria Remarque im amerikanischen Exil
Thomas Fleischer: Remarques Rückkehr auf den deutschsprachigen Buchmarkt nach 1945
Frederick Harris: Remarque's *Der Funke Leben*. The concentration camp as text
Martin Straub: Bilder vom Widerstand. Erich Maria Remarques *Der Funke Leben* und spätere literarische Zeugnisse über Buchenwald
Stefan Kaszynski: Absicht und Wirkung. Rezeptionsästhetische Strategien im Kriegsroman *Zeit zu leben und Zeit zu sterben* von Erich Maria Remarque
Wolfgang Weig: Die Frage nach der seelischen Gesundheit und die Vermeidung des Krieges. Anmerkungen zu Erich Maria Remarque
Heinrich Placke: Probleme und Chancen bei der Rezeption des Romans *Der schwarze Obelisk* (1956) am Ende dieses Jahrhunderts
Tilman Westphalen: Zur politischen Diskussion um Erich Maria Remarque in der Bundesrepublik Deutschland – Sieben Bausteine für eine vorläufige Zwischenbilanz
Denis Bousch: Die Imago Paris in den Exilromanen Remarques und die Rezeption in Frankreich
Vasillaq Kalaveshi: Remarque in Albanien
Robert Shvarc: »... weil dieses Buch die Jugend von den kommunistischen Idealen abbringt«. Erinnerungen an 35 Jahre als Remarque-Übersetzer in Albanien
Jaroslav Kovár: Erich Maria Remarque im tschechischen Kulturkontext
Roman Dziergwa: Wege und Abwege des polnischen »Remarquismus«. Zu politischen und anderen Aspekten der Remarque-Rezeption in Polen 1929 – 1997
Heather Valencia: Ostjüdische Rezeption von Remarque. Drei jiddische Übersetzungen von *Im Westen nichts Neues*
Roman Ejwadis: Erich Maria Remarque – auch ein »Fenster nach Europa«?
Sergej Schepotiev: Erich Maria Remarque's Conception of Goodness and Its Perception in Russia Today
Richard A. Kipphorn jr.: My 20 Years of Teaching Remarque in an American University
Hille Greve: Remarque in der Schule. Arbeitsmöglichkeiten mit der Remarque-Anthologie Heute ich, morgen du
Harald Kloiber: *Im Westen nichts Neues* – Ein Unterrichtsprojekt für die Mittelstufe
Peter Dörp: Remarque im Internet. Experiment für Lehre und Forschung im Rahmen der Bundes- und Landes-Initiative »Schulen ans Netz«
Wissenschaftliche und biographische Publikationen zu Leben, Werk und weltweiter Rezeption Remarques 1988–1998

034 *Erich Maria Remarque Jahrbuch/Yearbook* 9 (1999), 204 pp.
Inhalt/Content: Editorial
Heinz Ludwig Arnold: Erich Maria Remarque und Ernst Jünger. Zwei deutsche Wege durch das 20. Jahrhundert

Hans Wagener: Remarque in Amerika – zwischen Erfolg und Exilbewußtsein
Hans Beller: Schreiben im Schatten des Paradieses. Erich Maria Remarque und der Film. Eine Collage
Heiner Roß: Verflucht sei der Krieg. Filme gegen den Krieg 1898 – 1939
Petra Oerke: Presse- und Medienberichterstattung »Remarque-Jahr 1997/98«
Mariana Parvanova: Die Remarque-Rezeption in Bulgarien. Eine Retrospektive
Li Qinghua: Das China-Bild von Remarque
Peter Bekes. *Erich Maria Remarque. Im Westen nichts Neues* (Kloiber)
Andrew Kelly. *Filming All Quiet on the Western Front* (Schneider)
Andrew Kelly. *Cinema and the First World War* (Oerke)
Murdoch/Ward/Sargeant (eds.). *Remarque Against War* (Schneider)
Reiner Poppe. *Erich Maria Remarque. Im Westen nichts Neues* (Kloiber)
Elena Daunaraviciute: Die Remarque-Rezeption in Litauen

035 *Erich Maria Remarque Jahrbuch/ Yearbook* 10 (2000), 173 pp.
Inhalt/Content: Editorial
Uwe Zagratzki: Remarque und seine britischen Kritiker. Rezensionen und Korrespondenzen zwischen 1928 und 1938
Hans Wagener: Erich Maria Remarque, Im *Westen nichts Neues* – *Zeit zu leben und Zeit zu sterben*. Ein Autor, zwei Weltkriege
Darina Popstefanova: Auf den Spuren Remarques in Osnabrück. Literaturwerkstatt Remarque. Unterrichtsmaterialien (Text- und Quellensammlung)
Wilfried Schnabel: Die Romanverfilmung *Im Westen nichts Neues*. Eine Unterrichtsreihe in der Sekundarstufe II mit einem Archivbesuch zur Erarbeitung der Hintergründe und Motive des von den Nationalsozialisten 1930 provozierten Filmskandals
Urteile über Verbot und Wiederzulassung des Films *Im Westen nichts Neues*
Erich Remark: *Der Junge Lehrer. Plauderei eines Kriegslehrers*
Thomas F. Schneider: Interviews mit Remarque und Berichte von Pressekonferenzen. Eine kommentierte Bibliographie

036 *Erich Maria Remarque Jahrbuch/ Yearbook* 11 (2001), 132 pp.
Inhalt/Content: Editorial
Jesper Düring Jorgensen: Karl Larsen und Erich Maria Remarque. Aspekte der Rezeption und Übersetzung von *Im Westen nichts Neues* in Dänemark
Susana Cañuelo Sarrión: Die Rezeption von *Im Westen nichts Neues* und *All Quiet on the Western Front* in Spanien
Weeselin Diankov: *Im Westen nichts Neues* in Bulgarien (Roman, Film, Theater)
Ian Campbell: Remarque in Exile. The correspondence with Arthur Wheen (1933–36)
Bernhard Stegemann: Zwischen Langemarck und Bikschote. Erich Maria Remarque und das Kriegstagebuch seines Kameraden Georg Middendorf
Rainer Mayerhofer: Rosa Jochmann und Remarque. Ein Briefwechsel
Dimitar Tanev: Besinnung auf Remarque
Reiner Poppe. *Erich Maria Remarque. Im Westen nichts Neues* (Kloiber)

037 *Erich Maria Remarque Jahrbuch/ Yearbook* 12 (2002), 146 pp.

Inhalt/Content: Editorial
Germain Nyada: Gewalt und Freiheit bei Erich Maria Remarque
Kaspar Hohler: Erich Maria Remarques Exilzeit im Spiegel seiner Tagebücher
Heinrich Placke: Remarques Denkschrift *Practical Educational Work in Germany after the War* (1944) im Kontext zeitgenössischer Konzeptionen für das nahende Nachkriegsdeutschland
Christian Gellinek: Remarque und Grass als deutsche Dichter der Weltbürgerlichkeit
Mi-Hyun Ahn: Ein ewiger Liebhaber. Das Bild Erich Maria Remarques in Korea
*1918*. Bericht über ein Interview mit Remarque aus dem *New Yorker* vom 12. Mai 1945

038 *Erich Maria Remarque Jahrbuch/ Yearbook* 13 (2003), 128 pp.
Inhalt/Content: Editorial
Louis Bromfield: ‹Zwei Männer saßen in einer Bar›. Eine Anekdote von Erich Maria Remarque
Germaine Goetzinger: Der Zweite Weltkrieg in der deutschsprachigen, der letzebuergischen und der frankophonen Literatur Luxemburgs
Susanne Stephani: »...weil wir Funken in einem unbekannten Wind sind«. Erich Maria Remarque: *Arc de Triomphe*
Christian Gellinek: »Im Window nichts Neues«? Zu Günter Grass: *Im Krebsgang: Eine Novelle*
Heinrich Placke: Wie zuverlässig ist die KiWi-Taschenbuchausgabe der Remarque-Romane von 1998? Textkritische Abnmerkungen zu den Bänden 473 *Der Funke Leben* und 488 *Der schwarze Obelisk*
Sigrid C. Albert: Erich Maria Remarque: *Die Nacht von Lissabon* in lateinischer Übersetzung
Hanns Brodnitz: *Der Krieg der weißen Mäuse*
Der Rechtsstreit Maria Riva gegen *Focus* und *Die Welt* wegen des Abdruckes eines Aktphotos
Remarque im Internet. Ein kleiner Führer

039 *Erich Maria Remarque Jahrbuch/ Yearbook* 14 (2004), 128 pp.
Inhalt/Content: Editorial
Paul Lesch: »Rien dans ce film n'est de nature à choqer les sentiments de quinconque est adversaire de la guerre, de ses horreurs, de sa barbarie et de son retour«. La réception de *Im Westen nichts Neues* et de *Der Weg zurück* au cours des années 30
Christian Salzmann: »Im Westen«, Ullstein und das Internet
Rainer Jeglin: Drei Kameraden von der Tankstelle. Ein Zeitroman als Kontrafaktur einer Tonfilmoperette
Mariana Parvanova: Die Darstellung der Deutschen und des deutschen Militarismus in Remarques Werken
Sabina Becker: *Neue Sachlichkeit* (Jeglin)
Haim Gordon: *Heroism and Friendship in the Novels of Erich Maria Remarque* (Placke)
Hilton Tims: *The Last Romantic. A Life of Erich Maria Remarque* (Schneider)

040 *Erich Maria Remarque Jahrbuch/ Yearbook* 15 (2005), 120 pp.
Inhalt/Content: Editorial
Fabienne Amgwerd: Form und Funktion des Komischen bei Remarque. Eine Analyse seiner drei frühen Exil-Romane *Drei Kameraden*, *Liebe Deinen Nächsten* und *Arc de Triomphe*
Rikke Christoffersen: Three Comrades – One Perspective: Contextualizing Remarque's *Drei Kameraden* with the two early war novels

Katrin Schaaf/Cornelia Wenning: *Die Nacht von Lissabon*: Eine Unterrichtsreihe zu dem Roman in Klasse 12
Ursula Meyer: Erich Maria Remarque: *The Five Years Diary*. Anmerkungen und Vorschläge für die Behandlung der Erzählung im Unterricht
Klaus Gruhn: »Wehrkraftzersetzend«. Schüler des Gymnasium Laurentianum Warendorf lernen 1944 *Im Westen nichts Neues* kennen
Erich Maria Remarque an Ljubomir Sokolov, erläutert von Emil Sokolov
Mariana Parvanova: *Das Symbol der Ewigkeit ist der Kreis* (Placke)

041 *Erich Maria Remarque Jahrbuch/ Yearbook* 16 (2006), 132 pp.
Inhalt/Content: Editorial
Wilfried Weinke: »Ich werde vielleicht später einmal Einfluß zu gewinnen suchen...«. Der Schriftsteller und Journalist Heinz Liepman (1905–1966)
Germain Nyada: Ein gescheitertes Abenteuer oder ein abenteuerliches Scheitern. Zur Kriegsdarstellung und -deutung in Erich Maria Remarques *Im Westen nichts Neues*
Katharina Schulenberg: Perspektive Amerika? Vergangenheitsbewältigung vs. Zukunftspläne in den posthum veröffentlichten Romanen *Das gelobte Land* und *Schatten im Paradies*
Anne Eurike Röhrig: Ilse Jutta Zambona – eine biographische Skizze.
Tilman Westphalen: 20 Jahre Erich Maria Remarque-Gesellschaft in Osnabrück. Eine Stadt und ihr weltberühmter Autor im Bewussteseinswandel von zwei Jahrzehnten
Heinz Liepman: *Erich Maria Remarque. Ein literarisches Porträt*
Petra Maria Schulz. *Ästhetisierung von Gewalt in der Weimarer Republik* (Jeglin)

042 *Erich Maria Remarque Jahrbuch/ Yearbook* 17 (2007): *Erich Maria Remarque und der Comic*, 64 pp.
Inhalt/Content: Editorial
Erich Maria Remarque: *Kapitän Priemke*
Erich Maria Remarque: *Die Conti-Buben*
Eckart Sackmann/Gerd Lettkemann: Der Contibube. Erich Maria Remarque als Comicautor
Thomas F. Schneider: Erich Maria Remarque im Comic
Lionel Richard: De la culpabilité nazie comme thème romanesque
Brian Murdoch. *The Novels of Erich Maria Remarque. Sparks of Life* (Schneider)

043 *Erich Maria Remarque Jahrbuch/ Yearbook* 18 (2008): *110 Jahre Remarque – 80 Jahre Im Westen nichts Neues*, 124 pp.
Inhalt/Content: Sarah Reinke: Laudatio für Anna Politkowskaja
Rolf Blankemeijer: The Publication of *Im Westen nichts Neues* in The Netherlands and the Illustrations by Arie Zonnevold
Peter Dörp: Berliner Mauerbau stoppt Filmvorführung von *Im Westen nichts Neues* im Grenzkino »City« am Checkpoint Charlie
Susanne Kolhosser: Der Privatmensch Remarque. Eine Betrachtung der Kosenamen und Rollenspiele in der Korrespondenz mit Marlene Dietrich
Germain Nyada: »Als Refugié, der nicht praktizieren darf«. Fremdheits(de)konstruktion in Erich Maria Remarques Roman *Arc de Triomphe*
B. Sevinç Mesbah: Remarque in der Türkei vor 1950
Thomas F. Schneider: Eine Quelle für *Im Westen nichts Neues*

044 *Erich Maria Remarque Jahrbuch/ Yearbook* 19 (2009): *Erich Maria Remarques militanter Pazifismus und die deutsch-europäische Friedens- und Kulturpolitik heute*, 144 pp.

Inhalt/Content: Tilman Westphalen: Einführung zur Tagung

Tilman Westphalen: Ultima irratio – Remarque, die Stadt und der Frieden

Ian King: Vom westfälischen Frieden über Tucholsky zu Blair

Joseph Anton Kruse: Heine und Remarque

Heinrich Placke: Einstein und Remarque

Dirk Sager: Krieg der Medien

Jürgen Rose: Angriffskrieg der Bundesrepublik gegen die Verfassung?

Michael Daxner: Humanitäre Intervention und Heimatdiskurs

Winfried Nachtwei: Die Frage des Pazifismus

Andreas Schäfter/Enne Schmidt: Die Angst vor dem Frieden?

Siegfried Hummel: Frieden schafft, wer republikanische Öffentlichkeit herstellt

Liona Meyer: Die Friedenspolitik der Stadt Osnabrück

Winfried Nachtwei/Ellen Rohlfs/Jürgen Rose/ Dirk Sager/Eckart Spoo: Abschlusspodium

## Biographien/Biographies

045 Mynona [d.i. Salomo Friedlaender]. *Hat Erich Maria Remarque wirklich gelebt? Der Mann. Das Werk. Der Genius. 1000 Worte Remarque.* Berlin: Paul Steegemann, 1929, 258 pp.

046 Yang Changxi. *Beschreibung von Remarques Leben mit kritischer Würdigung* [chinesisch]. Shanghai: Gegenwart, 1931.

047 Hans-Werner Baum. »Erich Maria Remarque und seine Zeitromane«. *Bibliothekar* (Leipzig) (1957), 6, 599–604.

048 a Pawel Topor, Alfred Antkowiak. *Ludwig Renn. Erich Maria Remarque. Leben und Werk.* Berlin/Ost: Volk und Wissen, 1965, 101–211.

b Alfred Antkowiak. *Erich Maria Remarque. Leben und Werk.* 2. bearbeitete Auflage. Berlin/Ost: Volk und Wissen, 1977 (Schriftsteller der Gegenwart 14), 157 pp.

c Alfred Antkowiak. *Erich Maria Remarque. Leben und Werk.* Berlin/ West: Verlag das Europäische Buch, 1983, 157 pp.

049 Rossani Wolfango. »Il messaggio di Remarque«. *Osservatore Politico Letterario* (Milano) 16 (1970), 12, 49–56.

050 Jiři Vesely. »Žalobcem proti své vůli, Erich Maria Remarque (22.6.1898–25.9.1970)«. *Casopis pro Moderni Filologii* (Prague) 53 (1971), 152–154.

051 Burhan Arpad. *Remarque, Doğunun ve Batının Büyük Ustaları*. İstanbul: Kitaş Yayınları, 1972, 185 pp.

052 a Franz Baumer. *Erich Maria Remarque*. Berlin: Colloquium, 1976 (Köpfe des 20. Jahrhunderts 85), 95 pp.

b Franz Baumer. *Erich Maria Remarque*. 2. Auflage. Berlin: Colloquium, 1984 (Köpfe des 20. Jahrhunderts 85), 95 pp.

c Franz Baumer. *Erich Maria Remarque*. 3. ergänzte Auflage. Berlin: Morgenbuch, 1994 (Köpfe des 20. Jahrhunderts 85), 95 pp.

053 Hans Wagener. »Erich Maria Remarque«. John M. Spalek, Joseph Strelka (eds.). *Deutsche Exilliteratur seit 1933*. Band 1: *Kalifornien*. Bern, München: Francke, 1976, 591–605.

054 Claude R. Owen. *Erich Maria Remarque. A critical bio-bibliography*. Amsterdam: Rodopi, 1984, 364 pp.

055 Charles W. Hoffmann. »Erich Maria Remarque«. James Hardin (ed.). *German Fiction Writers, 1914–1945*. Detroit/MI: Gale, 1987 (Dictionary of Literary Biography 56), 222–241.

056 Tilman Westphalen. »›Mein Thema ist der Mensch dieses Jahrhunderts, die Frage der Humanität‹. Erich Maria Remarque als Chronist deutscher Geschichte«. Tilman Westphalen (ed.). *Erich Maria Remarque 1898 - 1970*. Bramsche: Rasch, 1988, 13–28.

057 Harley U. Taylor. *Erich Maria Remarque. A literary and film biography*. New York, Bern, Frankfurt/Main, Paris: Peter Lang, 1989 (American University Studies I, 65), 334 pp.

058 Thomas F. Schneider. *Erich Maria Remarque. Ein Chronist des 20. Jahrhunderts. Eine Biographie in Bildern und Dokumenten*. Bramsche: Rasch, 1991, 148 pp.

059 a Julie Gilbert. *Opposite Attraction. The Lives of Erich Maria Remarque and Paulette Goddard*. New York: Pantheon Books, 1995, 540 pp.

b Julie Gilbert. *Erich Maria Remarque und Paulette Goddard. Biographie einer Liebe*. Aus dem Amerikanischen von Nikolaus Gatter. München, Düsseldorf: List, 1997, 696 pp.

c Julie Gilbert. *Miłość i nienawiść. Życie Ericha Marii Remarque'a i Paulette Goddard*. Przełożył Tadeusz Szafrański. Warszawa: Czytelnik, 1998, 492 pp.

060 a Wilhelm von Sternburg. *»Als wäre alles das letzte Mal«. Erich Maria*

*Remarque. Eine Biographie.* Köln: Kiepenheuer & Witsch, 1998, 512 pp.

b Wilhelm von Sternburg. »*Als wäre alles das letzte Mal*«. *Erich Maria Remarque. Eine Biographie.* Köln: Kiepenheuer & Witsch, 2000 (KiWi 581), 512 pp.

c Wilhelm von Sternburg. *Lyg viskas būtu paskutinįkart. Ericho Maria Remarque'o biografija.* Iš vokiečių kalbos vertė Laima Bareišiene. Vilnius: Alma Littera, 2003, 342 pp.

d Vilhelms fon Šternburgs. »*It kā viss būtu pēdējoreiz*«. *Erihs Matija Remarks. Biogrāfija.* No vācu valodas tulkojusi Silvija Ģibiete. Riga: Zvaigzne ABC, 2009, 464 pp.

061 Thomas Thornton. *A Time to Live. The Life and Writings of Erich Maria Remarque. A Centennial Celebration.* Ed. by Marvyn J. Taylor, Douglas Clark, Mike Kelly. New York: Fales Library, New York University, 1998, 36 pp.

062 Thomas F. Schneider. *Unabhängigkeit – Toleranz – Humor. Independence – Tolerance – Humor. Indépendance – Tolérance – Humour. Nezaisimost' – Tolerantnost' – Iumor. Erich Maria Remarque, 1898 – 1970. Erikh Mariia Remark, 1898 – 1970.* Osnabrück: Universitätsverlag Rasch, 2001 (Schriften des Erich Maria Remarque-Archivs 15), 278 pp.

063 a Hilton Tims. *The Last Romantic. A life of Erich Maria Remarque.* New York: Carroll & Graf; London: Constable & Robinson, 2003, 288 pp.

b Hilton Tims. *Erich Maria Remarque. Viimane romantik.* Inglise keelest tõlkinud Mari Vaba. Tallinn: Kunst, 2004, 286 pp.

c Hilton Tims. Erich Maria Remarque – ostatni romantyk. Przeł. Magdalena Słysz. Warszawa: Iskry, 2007, 257 pp.

064 T'engiz Khakhapurije. *Germaneli emigrantebis tragedia Erix Maria Remarkis šemok'medebaši.* T'bilisi: Sak'art'velos Erovnuli Akad., 2008.

065 Nikolaj Nadezhdin. *Erikh Mariia Remark.* »*Vremia liubit'*«. Moskva: Maior, 2008, 191 pp.

066 Paul Vechec. *Erich Maria Remarque.* Brno: Tribun EU, 2009.

067 Diane Andrews Henningfield. »Biography of Erich Maria Remarque«. Brian Murdoch (ed.). *Critical Insights: All Quiet on the Western Front.* Pasadena, CA: Salem Press, 2010.

## Detailfragen/Details

### *Vorfahren/Ancestors*

068 Wolfgang Huschke. »Vorfahren des Schriftstellers Erich Maria Re-

marque vorwiegend im nördlichen Rheinland«. *Genealogie* 29 (1980), 15/11, 337–356.

*Jugend/Youth*

069 Burhan Arpad. »Remarque'in gençlik yillari«. *Die Neue Literatur* [türkische Ausgabe], 12.1970, 14–16.

*Remarque und Osnabrück/ Remarque and Osnabrück*

070 Hanns-Gerd Rabe. »Remarque und Osnabrück«. *Osnabrücker Mitteilungen* 77 (1970), 196–246.

071 Martina Krause. »›... in den Fluten des radiumhaltigen Kleinstadtwassers‹. Erich Maria Remarque und Osnabrück«. *Erich Maria Remarque Jahrbuch/ Yearbook* 7 (1997), 27–72.

*Krieg/War*

072 Bernhard Stegemann. »Zwischen Langemark und Bikschote. Erich Maria Remarque und das Kriegstagebuch seines Kameraden Georg Middendorf«. *Erich Maria Remarque Jahrbuch/Yearbook* 11 (2001), 93–111.

*Lehrer/Teacher*

073 Bernd Stegemann. *Fakten und Fiktionen – E.M. Remarque als Lehrer 1919 – 1920 und seine Darstellung von Schule, Lehrern und Schülern in den Romanen »Im Westen nichts Neues« und »Der Weg zurück«*. Osnabrück: Universität Osnabrück [Magisterarbeit], 1995, [masch.] 117 pp.

074 Karl Koch. »›Hier stehe ich vor euch, einer der hunderttausend Bankrotteure‹. Erich Maria Remarque als Lehrer in Lohne«. *Bentheimer Jahrbuch* 1997, 167–178.

075 Bernhard Stegemann. »›Die Welt ist nur von schlechten Schülern vorwärtsgebracht worden‹ – Erich Maria Remarque als Lehrer im Emsland«. *Jahrbuch des Emsländischen Heimatbundes* 55 (2009), 149–160.

076 Thomas Kriegisch. *Der Weg zurück nach Lohne. Erich Maria Remarque – ein fast vergessenes Kapitel*. Nordhorn: Verlag der Grafschafter Nachrichten, 1998, 107 pp.

077 Bernhard Stegemann. »Autobiographisches aus der Seminar- und Lehrerzeit von Erich Maria Remarque im Roman *Der Weg zurück*«. Thomas F. Schneider (ed.). *Erich Maria Remarque. Leben, Werk und weltweite Wirkung*. Osnabrück: Universitätsverlag Rasch, 1998 (Schriften des Erich Maria Remarque-Archivs 12/Erich Maria Remarque Jahrbuch/Yearbook 8), 57–68.

*Exil/Exile*

078 Thomas F. Schneider. »Schatten im Paradies. Erich Maria Remarque

in Hollywood, 1939 – 1942«. Carol Merril-Mirsky (ed.). *Exilleben im Paradies. Katalog zur Ausstellung »Exil im Paradies«. Beilage zur Deutschen Fassung*. Bramsche: Rasch, 1994, 55–60.

079 Alexander Stephan. »Ausgebürgert. Erich Maria Remarque und die Nazi-Bürokratie«. *Erich Maria Remarque Jahrbuch/Yearbook* 7 (1997), 7–26.

080 Helga Schreckenberger. »Erich Maria Remarque im amerikanischen Exil«. Thomas F. Schneider (ed.). *Erich Maria Remarque. Leben, Werk und weltweite Wirkung*. Osnabrück: Universitätsverlag Rasch, 1998 (Schriften des Erich Maria Remarque-Archivs 12), 251–266.

081 Egon Naganowski. »Erich Maria Remarque. Droga do Hollywood«. *Tygiel Kult* (1999), 4/6, 101–114.

082 Hans Wagener. »Remarque in Amerika – zwischen Erfolg und Exilbewußtsein«. *Erich Maria Remarque Jahrbuch/Yearbook* 9 (1999), 18–38.

083 Pinchas Maurer. *Ins Exil: Das Schicksal deutscher Autoren nach der sozialistischen Machtergreifung. Fallstudie: Erich Maria Remarque* [auf Hebräisch]. Jerusalem: Hebräische Universität/Fachbereich Geschichte, 2000, [masch.] 82 pp.

084 Ian Campbell. »Remarque in Exile. The correspondence with Arthur Wheen (1933–36)«. *Erich Maria Remarque Jahrbuch/Yearbook* 11 (2001), 87–92.

085 Kaspar Hohler. »*Liebe im November und irgendwo im Krieg*«. *Erich Maria Remarques Tagebücher aus der Zeit des amerikanischen Exils als historische Quelle*. Zürich: Universität [Liz.], 2000, [masch.] 90 pp.

086 Kaspar Hohler. »Erich Maria Remarques Exilzeit im Spiegel seiner Tagebücher«. *Erich Maria Remarque Jahrbuch/Yearbook* 12 (2002), 25–60.

087 Sheila Johnson. »Seghers pillories a Hollywood glamour boy«. *Colloquia Germanica* 40 (2008), 1, 1–18.

### *Autos/Cars*

088 Helmut Morr, Petra Oerke. *Eine Autobiographie auf Rädern. Erich Maria Remarque und sein Lancia Dilambda*. Osnabrück: Erich Maria Remarque-Gesellschaft, 1998 (EMR-Aktuell 5), 36 pp.

### *Namen/Names*

089 Susanne Kolhosser. *Versteck-Spiel. Eine Untersuchung von Namenswechseln in Biographie und Werk Erich Maria Remarques*. Osnabrück: Universität Osnabrück [Magisterarbeit], 2008, 151 pp.

*Ilse Jutta Zambona*

090 Anne Eunike Röhrig. »Ilse Jutta Zambona – eine biographische Skizze. Erich Maria Remarques zweimalige Ehefrau stammte aus Hildesheim«. *Erich Maria Remarque Jahrbuch/Yearbook* 16 (2006), 90–95.

*Paulette Goddard*

091 Lionel Richard. »L'ultime amour. Erich Maria Remarque et Paulette Goddard«. Valérie Marin La Meslée (ed.). *L'Amour fou. 17 passions extraordinaires*. Lonrai: Maren Sell Éditeurs, 2006, 41–62.

*Ruth Marton*

092 a Ruth Marton. *Mein Freund Boni. Erinnerungen an Erich Maria Remarque*. Aus dem Englischen von Ruth Marton und Susan Schwarz. Köln: Kiepenheuer & Witsch, 1993, 213 pp.

b Rut Marton. *E.M. Remark. »Beregi sebia, moj angel«. (intimnyj portret pisatelia)*. Perevod s nemeckogo Aleksandra Anvaera. Moskva: Art-Fleks, 2001, 190 pp.

## Gesamtdarstellungen/Overviews

093 Harry Slochower. »In the Fascist Styx. The fate of native sons: From Remarque, Zweig, Toller to Richard Wright«. *Negro Quarterly* 1 (1942), 3, 227–240.

094 Zdravko Dafinov. »Erih-Maria Remark na 60 godini«. *Septemvri* (1958), 7, 171–178.

095 a Wladimir Dneprow. »Vom kritischen Gegenwartsrealismus«. *Sowjet-Literatur* (1959), 7, 152–164.

b Vladimir Dneprov. *Notes on Contemporary Critical Realism* (1959), 127–138.

096 a Lev Z. Kopelev. »Siege und Niederlagen Remarques«. *Serdtse vsegda* sleva (1960), 264–292.

b Lev Z. Kopelev. »Siege und Niederlagen Remarques«. *Mitteilungen der Erich Maria Remarque Gesellschaft Osnabrück e.V.* (1989), 5/6, 18–33.

097 a V. Ja. Kirpotin. »*Ohne Leitstern*«. *Pathos der Zukunft. Aufsätze*. Moskau: Sovetskij Pisatel', 1963, 296–305.

b V. Ja. Kirpoton. »›Ohne Leitstern‹. Über die Romane Erich Maria Remarques«. *Mitteilungen der Erich Maria Remarque Gesellschaft Osnabrück e.V.* (1989), 5/6, 34–44.

098 Irene Wegner. *Die Problematik der »verlorenen Generation« und ihre epische Gestaltung im Romanwerk Erich Maria Remarques*. Jena: Friedrich-Schiller-Universität [Diss.], 1965, 273 pp.

099 Jan Miżinski. *Erich Maria Remarque. Versuch einer Monographie*. Łódż: Universität Łódż [Diss.], 1968.

100 a Pawel Topor, Alfred Antkowiak. *Ludwig Renn. Erich Maria Remarque. Leben und Werk*. Berlin/Ost: Volk und Wissen, 1965, 101–211.

b Alfred Antkowiak. *Erich Maria Remarque. Leben und Werk*. 2. bearbeitete Auflage. Berlin/Ost: Volk und Wissen, 1977 (Schriftsteller der Gegenwart 14), 157 pp.

c Alfred Antkowiak. *Erich Maria Remarque. Leben und Werk*. Berlin/West: das Europäische Buch, 1983, 157 pp.

101 Marcell Benedek. »Erich Maria Remarque«. *A nemet irodalom*. Budapest, 1966, 357–372.

102 P.J. Middleton. *The Individual, Society, and the Contemporary Background in the Novels of Erich Maria Remarque*. Southampton: University [Diss.], 1969.

103 Harley U. Taylor. »Autobiographical Elements in the Novels of Erich Maria Remarque«. *West Virginia University Philological Papers* 17 (1970), 84–93.

104 Saad Taufik. *Erich Maria Remarque oder Kampf zwischen Ideologie und Menschentum.* Kairo: Selbstverlag, 1973, 82 pp.

105 Jan Mizinski. *Erich Maria Remarque. Versuch einer Monographie.* Łodz: Universität [Diss.], 1975, 116 pp.

106 Vilma Jürisalu. »Oma Põlkvonna Kroonikakirjutaja«. *Looming Tartu* (1976), 2, 319–330.

107 Hans Wagener. »Erich Maria Remarque«. John M. Spalek, Joseph Strelka, Sandra H. Hawrylchak (eds.). *Deutsche Exilliteratur seit 1933.* Vol. 1: *Kalifornien.* Bern: Francke, 1976, 591–605.

108 Jan Miżinski. »Erich Maria Remarque als Dichter der verlorenen Generation«. *Lubelskie Materialy Neofilologiczne*, 1978, 121–137.

109 Christine R. Barker, Rex W. Last. *Erich Maria Remarque.* London: Oswald Wolff; New York: Barnes & Nobles, 1979, 174 pp.

110 Ingrid Ehrmann Gross. *Remarques Weltanschauung. A study in fictional dualism.* Baton Rouge/LA: Louisana State University [Diss.], 1981, 179 pp.

111 Tamara S. Nikolaeva. *Tvorchestvo Remarka-antifashista.* Saratov: Saratov University Press, 1983, 134 pp.

112 Yngve Palmgren. *E.M. Remarque och det stortyska riket.* Stockholm: Författares Bokmaskin, 1986, 150 pp.

113 Reinhard F. Ravnjak. *Krieg – Nachkrieg – Antifaschismus im Werk Erich Maria Remarques.* Klagenfurt: Universität für Bildungswissenschaft [Diplomarbeit], 1987, [masch.] 142 pp.

114 Richard A. Firda. *Erich Maria Remarque. A thematic analysis of his novels.* New York, Bern, Frankfurt/Main, Paris: Peter Lang, 1988 (American University Studies XIX, 8), 328 pp.

115 Michael Wenzina. *Das Individuum als Opfer von Krieg und Faschismus in den Romanen Erich Maria Remarques.* Wien: Universität [Diplomarbeit], 1988, [masch.] 109 pp.

116 Tilman Westphalen (ed.). *Erich Maria Remarque 1898 – 1970.* Bramsche: Rasch, 1988, 147 pp.

Inhalt/Contents: Erich Maria Remarque. Ein Weltbürger wieder Willen. Kurzbiographie in Daten

Tilman Westphalen: »Mein Thema ist der Mensch dieses Jahrhunderts, die Frage der Humanität«. Erich Maria Remarque als Chronist deutscher Geschichte

Thomas Schneider: Der unbekannte Remarque. Der Erich Maria Remarque-Nachlaß in der Fales-Library, New York – Ergebnisse und Aufgabenstellungen
Josef Wennemer: Die Gestalt des Kriegers oder »Die verlorene Generation«. Zu den Menschenbildern in der Prosa über den Ersten Weltkrieg bei Ernst Jünger und Erich Maria Remarque
Angelika Howind: Ein Antikriegsroman als Bestseller. Die Vermarktung von *Im Westen nichts Neues* 1928 bis 1930
Lothar Schwindt: Geheimdienstarbeit. Remarques Schrift *Practical Educational Work in Germany after the War*
Bernhard Nienaber: Der Blick zurück. Remarques Romane gegen die Adenauer-Restauration
Peter Junk: Ort zu leben und Ort zu sterben: Osnabrück 1943. Fiktion und Realität am Beispiel eines Romans
Hermann Flau: Remarque-Verfilmungen. Ungewollte politisch – politisch ungewollt

117 Dmitrij V. Zatonskij. »Erikh Mariia Remark. Ili drachat' let spustia«. Dmitrij V. Zatonskij. *Khudozestvennye orientiry XX veka.* Moskva: Sovet. Pisatel', 1988, 313–348.

118 Harley U. Taylor. *Erich Maria Remarque. A literary and film biography.* New York, Bern, Frankfurt/Main, Paris: Peter Lang, 1989 (American University Studies I, 65), 334 pp.

119 Dagmar Teuber. *Frauengestalten in den Romanen von Erich Maria Remarque (1920 – 1971). Analyse und Darstellung ausgewählter weiblicher Hauptfiguren auf der Grundlage einer edv-gestützten Gesamterfassung des Gegenstands in den Romanen von Erich Maria Remarque.* Osnabrück: Universität Osnabrück [Magisterarbeit], 1991, [masch.] 154 +78 + V pp.

120 Hans Wagener. *Understanding Erich Maria Remarque.* Columbia/SC: University of South Carolina Press, 1991 (Understanding Modern European and Latin American Literature), 141 pp.

121 Thomas Schneider. »Erich Maria Remarque als politischer Autor. Anmerkungen zum Einfluß von Distributoren auf Autorintentionen«. *Rozprawy Niemcoznawcze* (Częstochowa) 1/1991 (1992), 175–196.

122 a Thomas F. Schneider. »Ein militanter Pazifist? Erich Maria Remarques Schriften und Interviews zum Zeitgeschehen«. Erich Maria Remarque. *Ein militanter Pazifist. Texte und Interviews 1929 – 1966.* Köln: Kiepenheuer & Witsch, 1994 (KiWi 340), 9–41.

b Thomas F. Schneider. »Ein militanter Pazifist? Erich Maria Remarques Schriften und Interviews zum Zeitgeschehen«. *Erich Maria Remarque. Ein militanter Pazifist. Texte und Interviews 1929 – 1966.* Köln: Kiepenheuer & Witsch, 1998 (KiWi 495), 9–41.

c Thomas F. Schneider. »Wojujący pacyfista? Artykuły i wywiady Ericha Marii Remarque'a o historii współczesnej«. Erich Maria Remarque. *Wojujący pacyfista. Artykuły i wywiady 1929–1966*. Wybór i wstęp Thomas F. Schneider. Przełożył Wojciech Kunicki. Warszawa: Czytelnik, 1998, 5–32.

123 Kinga Kokotowska. *Erich Maria Remarques Leben und Schaffen. Verwertung des Biographischen und dessen Rolle beim Konzipieren der Romane*. Poznań: Uniwersytet, Instytut Filologii Germanskiej [Magisterarbeit], 1995, [masch.] 141 pp.

124 Werner Jung. »›Ein Direktschreiber, kein Umgehungsschriftsteller‹. Erich Maria Remarque«. *Juni. Magazin für Literatur & Politik* (1998), 28, 75–80.

125 Brian Murdoch, Mark Ward, Maggie Sargeant (eds.). *Remarque against War. Essays for the centenary of Erich Maria Remarque 1898–1970*. Glasgow: Scottish Papers in Germanic Studies, 1998 (SPGS 11), 171 pp.

Inhalt/Contents: Introduction

Brian Murdoch: Paul Bäumer's Diary: *Im Westen nichts Neues*, the War Diary and the Fictionality of the War Novel

Bruce Thompson: The Continued Appeal of the Western Front. *Im Westen nichts Neues* and the Young Readers of Today

Caroline Martin: The Conflict of Education. Soldiers, Civilians, a Child and a Teacher

Kathleen Norrie, Malcolm Read: Pacifism, Politics and Art. Milestone's *All Quiet on the Western Front* and Pabst's *Westfront 1918*

Mark Ward: The Structure of *Der Weg zurück*

John Fotheringham: Looking Back at the Revolution. Ernst Toller's *Eine Jugend in Deutschland* and Remarque's *Der Weg zurück*

Maggie Sargeant: A Lost War: *Zeit zu leben und Zeit zu sterben*

Heather Valencia: The KZ Experience. *Der Funke Leben* and Recent Work on the Holocaust Literature

126 Thomas F. Schneider (ed.). *Erich Maria Remarque. Leben, Werk und weltweite Wirkung*. Osnabrück: Universitätsverlag Rasch, 1998 (Schriften des Erich Maria Remarque-Archivs 12/Erich Maria Remarque Jahrbuch/Yearbook 8), 588 pp.

127 Thomas F. Schneider. »›Am besten nichts Neues‹? Zum Stand der Remarque-Forschung«. Thomas F. Schneider (ed.). *Erich Maria Remarque. Leben, Werk und weltweite Wirkung*. Osnabrück: Universitätsverlag Rasch, 1998 (Schriften des Erich Maria Remarque-Archivs 12), 27–40.

128 Roman Tschaikovskij (ed.). *Vek Remarka*. Magadan: Kordis, 1998.

129 Klaus Modick. *Milder Rausch. Essays und Portraits*. Frankfurt/Main: Eichborn, 1999, 58–66.

130 Michael Besken. *Remarque, Erich Maria*. München: GRIN [Schulaufsatz, Internetveröffentlichung], 2000, 3 pp.

131 Petra Sedlackova. *War E. M. Remarque ein Erfolgsautor?* München: GRIN [Hausarbeit, Internetveröffentlichung], 2001, 20 pp.

132 *Text + Kritik* (2001), 149: *Erich Maria Remarque*, 104 pp.
Inhalt/Contents: Edgar Hilsenrath: »Lesen Sie mal den ›Arc de Triomphe‹«. Erinnerung an Erich Maria Remarque
John W. Chambers, Thomas F. Schneider: »Im Westen nichts Neues« und das Bild des ›modernen‹ Krieges
Brian Murdoch: Vorwärts auf dem Weg zurück. Kriegsende und Nachkriegszeit bei Erich Maria Remarque
Helga Schreckenberger: »Durchkommen ist alles«. Physischer und psychischer Existenzkampf in Erich Maria Remarques Exil-Romanen
Thomas F. Schneider: »Ein ekler Leichenwurm«. Motive und Rezeption der Schriften Erich Maria Remarques zur nationalsozialistischen deutschen Vergangenheit
Jan Strümpel: Kammersymphonie des Todes. Erich Maria Remarques »Der Funke Leben«, Anna Seghers' »Das siebte Kreuz« und eine Gattung namens ›KZ-Roman‹
Werner Fuld: Ein Treffen mit alten Bekannten. Zur Vorgeschichte des Romans »Der Himmel kennt keine Günstlinge«
Harald Kloiber: Zwischen Schulstube und Internet. Erich Maria Remarque in der Didaktik
Kurzbiografie in Daten/Auswahlbibliografie

133 Nikolaos Blachos. *Die Darstellung von Krankheit in den Romanen von Erich Maria Remarque*. Köln: Universität/Institut für Geschichte und Ethik der Medizin [Diss.], 2002, 160 pp.

134 Angelika Görgens. *»Bei Ehefrauen sind die Regeln nicht so streng«. Frauenbilder und Weiblichkeitsentwürfe in den Romanen Erich Maria Remarques*. Krefeld [Examensarbeit], 2002, [masch.] 97 pp.

135 Gábor Kerekes. »Erich Maria Remarques Deutschlandzyklus«. Maria Erb (ed.). *»und Thut ein Gnügen Seinem Ambt«. Festschrift für Karl Manherz zum 60. Geburtstag*. Budapest: ELTE Germanistisches Institut, 2002 (Budapester Beiträge zur Germanistik 39), 323–331.

136 Haim Gordon. *Heroism and Friendship in the Novels of Erich Maria Remarque*. New York et al.: Peter Lang, 2003 (Studies on themes and Motifs in literature 63), 158 pp.

137 Mariana Parvanova. *»...das Symbol der Ewigkeit ist der Kreis«. Eine Untersuchung der Motive in den Romanen von Erich Maria Remarque*. Berlin: Tenea, 2003, 300 pp.

138 Klaus Thomas Schnittger. »Leben und Wein warten nicht. Erich Maria Remarque«. Klaus Seehafer (ed.). *Dichter Denker Eigenbrötler. 30 nie-*

*dersächsische Klassiker*. Leer: Leda, 2003, 265–275.

139 Mariana Parvanova. »Die Darstellung der Deutschen und des deutschen Militarismus in Remarques Werken«. *Erich Maria Remarque Jahrbuch/Yearbook* 14 (2004), 69–101.

140 Maggie Sargeant. »Erich Maria Remarque«. Maggie Sargeant. *Kitsch & Kunst. Presentations of a Lost War*. Oxford et. al.: Peter Lang, 2005, 69–101.

141 Brian Murdoch. *The Novels of Erich Maria Remarque. Sparks of Life*. Rochester/NY, Woodbridge: Camden House, 2006, 245 pp.

142 Susanne Kolhosser. *Versteck-Spiel. Eine Untersuchung von Namenswechseln in Biographie und Werk Erich Maria Remarques*. Osnabrück: Universität Osnabrück, Fachbereich Sprach- und Literaturwissenschaft [Magisterarbeit], 2008, [masch.] 151 pp.

143 Marta Kaptsan. *Remarque – Erfolgschriftsteller und öffentlicher Intellektueller. Zur Werkbiographie Erich Maria Remarques*. Göttingen: Georg-August Universität [Magisterarbeit], 2008, 74 pp.

144 Tilman Westphalen. »›Wann wird zum Mord, was man sonst Heldentum nennt?‹ Remarque als militanter Pazifist von ›Im Westen nichts Neues‹ (1928/29) bis zu ›Zeit zu leben und Zeit zu sterben‹ (1954)«. Friedhelm Greis (ed.). *Der Antimilitarist und Pazifist Tucholsky. Dokumentation der Tagung 2007 »Der Krieg ist aber unter allen Umständen tief unsittlich«*. St. Ingbert: Röhrig, 2008 (Schriftenreihe der Kurt-Tucholsky-Gesellschaft 4), 143–170.

145 Ruth Franklin. »The Paris Review Perspective«. Brian Murdoch (ed.). *Critical Insights: All Quiet on the Western Front*. Pasadena, CA: Salem Press, 2010.

## Detailfragen

146 R. A Orlov. »Kompozitsionnoe voplostsenie idejnogo zamysla v proze Remarka«. *Vestnik Leningradskogo Universiteta. Serija Istorii, Jazyka i Literatury* 14 (1976), 97–105.

147 Irene Wegner. »Zur Rezeption der Romane Erich Maria Remarques«. Helmut Brandt, Nodar Kakabadse (eds.). *Erzählte Welt. Studien zur Epik des 20. Jahrhunderts*. Berlin: Aufbau, 1978, 384–399.

148 Harley U. Taylor. »Humor in the Novels of Erich Maria Remarque«. *West Virginia University Philological Papers* 29 (1983), 38–45.

149 Harley U. Taylor. »The Involuntary Outsiders in the Novels of Erich

Maria Remarque«. *West Virginia University Philological Papers* 32 (1986/1987), 56–60.

150 Thomas Schneider. »Der unbekannte Remarque. Der Erich Maria Remarque-Nachlaß in der Fales-Library, New York – Ergebnisse und Aufgabenstellungen«. Tilman Westphalen (ed.). *Erich Maria Remarque 1898 – 1970*. Bramsche: Rasch, 1988, S. 29–43.

151 Hans Wagener. »Erich Maria Remarque: zwischen Literatur und Leben«. Eijiro Iwasaki (ed.). *Begegnung mit dem »Fremden«. Grenzen – Traditionen – Vergleiche*. Akten des VIII. Internationalen Germanisten-Kongresses, Tokyo 1990: Band 8 (Sektion 14: Emigranten- und Immigrantenliteratur. Ed. Yoshinori Shichiji). München: Iudicum, 1991, 172–179.

152 Jürgen Krainhöfner. *Das Werte- und Normensystem im Romanwerk Erich Maria Remarques*. München: Ludwig-Maximilians-Universität[Magisterarbeit], 1992, [masch.] 100 pp.

153 Rainer Jeglin. »Zweimal Osnabrück, Pappelgraben. Karl-May-Erinnerungen im Werk von Erich Maria Remarque«. *Erich Maria Remarque Jahrbuch/ Yearbook* 5 (1995), 52–64.

154 Sergei Schepotiev. »Russians in Erich Maria Remarque's Novels«. *Erich Maria Remarque Jahrbuch/ Yearbook* 5 (1995), 45–51.

155 Katarzyna Młynarczyk. *Autobiographische Elemente im Werk von Erich Maria Remarque*. Wrocław: Universität [Examensarbeit], 1997, [masch.] 75 pp.

156 Hille Greve. »Remarque in der Schule. Arbeitsmöglichkeiten mit der Remarque-Anthologie *Heute ich, morgen du*«. Thomas F. Schneider (ed.). *Erich Maria Remarque. Leben, Werk und weltweite Wirkung*. Osnabrück: Universitätsverlag Rasch, 1998 (Schriften des Erich Maria Remarque-Archivs 12/Erich Maria Remarque Jahrbuch/Yearbook 8), 485–496.

157 Li Qinghua. »Das China-Bild von Remarque«. *Erich Maria Remarque Jahrbuch/Yearbook* 9 (1999), 155–159.

158 Daniel Rehorek. *Eine Konkordanz der Gestalten aus drei Romanen von Erich Maria Remarque*. Adelaide: University [Magisterarbeit], 1999.

159 Germain Nyada. *Gewalt und Freiheit bei Erich Maria Remarque*. Yaounde: Université de Yaounde, Faculté des Arts, Lettres et Sciences Humaines [Magisterarbeit], 2000, [masch.] 78 pp.

160 a Christian Gellinek. »Remarque und Grass als deutsche Dichter der

Weltbürgerlichkeit«. *Erich Maria Remarque Jahrbuch/Yearbook* 12 (2002), 97–111.

b Christian Gellinek. »E.M. Remarque und G. Grass als weltbürgerliche Dichter nach den zwei Weltkriegen«. Christian Gellinek. *Pacificatores Optimi Hominum. Friedensstifter in der europäischen Literatur. Forschung und Leben. Querschnitt aus Themen und Publikationen. Zum Geburtstag des Autors am 11. Mai 2003.* Einführung von Ernst Schürer. Münster: agenda, 2003, 64–77.

161 Germain Nyada. »Gewalt und Freiheit bei Erich Maria Remarque«. *Erich Maria Remarque Jahrbuch/Yearbook* 12 (2002), 7–24.

162 E.A. Kovyneva. »Svjaz' prozy i poezii E.M. Remarka (leksicheskij, tematicheskij, stilisticheskij aspekty)«. *Idei, Gipotezy, Poisk... Germanistika i perevodovedenie* (Magadan) 11 (2004), 26–29.

163 Joseph Anton Kruse. »Heine und Remarque. ›Soldaten im Befreiungskrieg der Menschheit‹?«. *Erich Maria Remarque Jahrbuch/Yearbook* 19 (2009), 34–45.

164 Heinrich Placke. »Einstein und Remarque – militante Pazifisten?«. *Erich Maria Remarque Jahrbuch/Yearbook* 19 (2009), 46–59.

## Einzelne Länder und Sprachen/Selected Countries and Languages

165 R.R. Tschaikowski (ed.). *Perevod i perevodtsiki. Nauchnij al'manakh. Vypusk 2: E.M. Remark*. Magadan: Kordis, 2001, 118 pp.

166 a Thomas F. Schneider. »Originaly i perevody proizvedenij E.M. Remarka v tsifakh i faktakh«. R.R. Tschaikowski (ed.). *Perevod i perevodtsiki. Nauchnij al'manakh. Vypusk 2: E.M. Remark*. Magadan: Kordis, 2001, 41–53.

b Thomas F. Schneider. »Einige Beobachtungen zu den Übersetzungs- und Ausgabenzahlen der Werke Erich Maria Remarques«. Thomas F. Schneider, Roman R. Tschaikowski (eds.). *In 60 Sprachen. Erich Maria Remarque: Übersetzungsgeschichte und -probleme/Na 60 jazikakh. Perevody proizvedenij E.M. Remarka: istoriia i osnovnye problemy*. Osnabrück: Universitätsverlag Rasch, 2002, 145–158.

167 a R.R. Tschaikowski. »Nishcheta perevoda, ili Nuzhno li perevodchiku elementarnoe filologicheskoe obrazovanie«. R.R. Tschaikowski (ed.). *Perevod i perevodtsiki. Nauchnij al'manakh. Vypusk 2: E.M. Remark*. Magadan: Kordis, 2001, 99–111.

b R.R. Tschaikowski. »Nishcheta perevoda, ili Nuzhno li perevodchiku elementarnoe filologicheskoe obrazovanie?«. Thomas F. Schneider, Roman R. Tschaikowski (eds.). *In 60 Sprachen. Erich Maria Remarque: Übersetzungsgeschichte und -probleme/Na 60 jazikakh. Perevody proizvedenij E.M. Remarka: istoriia i osnovnye problemy*. Osnabrück: Universitätsverlag Rasch, 2002 (Schriften des Erich Maria Remarque-Archivs 16), 131–144.

168 Thomas F. Schneider, Roman R. Tschaikowski (eds.). *In 60 Sprachen. Erich Maria Remarque: Übersetzungsgeschichte und -probleme. Na 60 jazykakh. Perevody proizvedennij E.M. Remarka: Istoriia i osnovnye problemy*. Osnabrück: Universitätsverlag Rasch, 2002 (Schriften des Erich Maria Remarque-Archivs 16), 160 pp.

Inhalt/Contents: Einleitung

R.R. Tschaikowski, A.E. Krascheninnikov, E.L. Lysenkowa: Remarque ist in Russland mehr als Remarque. Zur Ontologie der russischen Übersetzungen der Prosa Erich Maria Remarques

A.S. Ivanov: Evangelium des Remarque. Neue Bücher von Remarque und über Erich Maria Remarque

Roman Dziergwa: Aus welcher Sprache? Zu den Übersetzungen von Remarques Romanen in der polnischen Literaturkritik

Vesselin Diankov: Die Romane Remarques in Bulgarien zwischen den Weltkriegen

Bojana Schneider: Der lange Weg von *Im Westen nichts Neues* zum slowenischen Leser

Denis Bousch: Zur Übersetzungsgeschichte der Romane Remarques in Frankreich im Kontext der deutsch-französischen Beziehungen
Howard M. De Leeuw: Making the Case For a New American Translation of *Im Westen nichts Neues*
O.M. Fadeeva: Remarques aphoristische Prosa und ihre Neuschaffung in russischer Übersetzung
L.V. Iljitschjowa: Über die Filmprosa Erich Maria Remarques. Eine vorübersetzerische Analyse des Drehbuches *Der letzte Akt*
E.A. Kostenko: Übersetzungen der Gedichte Remarques in der Bewertung der Kritik
T.I. Wenslawowitsch: Evolution der sprachlichen Bildlichkeit in den Romanen von Erich Maria Remarque
R.R. Tschaikowski: Das Elend der Übersetzung oder Ob ein Übersetzer eine elementare philologische Ausbildung braucht?
Thomas F. Schneider: Einige Beobachtungen zu den Übersetzungs- und Ausgabenzahlen der Werke Erich Maria Remarques

### *Albanien/Albania*

169 Vasillaq P. Kalaveshi. »Remarque in Albanien«. Thomas F. Schneider (ed.). *Erich Maria Remarque. Leben, Werk und weltweite Wirkung*. Osnabrück: Universitätsverlag Rasch, 1998 (Schriften des Erich Maria Remarque-Archivs 12), 358–390.

170 Robert Shvarc. »›... weil dieses Buch die Jugend von kommunistischen Ideen abbringt‹. Erinnerungen an 35 Jahre als Remarque-Übersetzer in Albanien«. Thomas F. Schneider (ed.). *Erich Maria Remarque. Leben, Werk und weltweite Wirkung*. Osnabrück: Universitätsverlag Rasch, 1998 (Schriften des Erich Maria Remarque-Archivs 12), 391–396.

### *Bulgarien/Bulgaria*

171 Milena Paskowska. *Die dynamische Beschreibung bei Remarque und ihre Wiedergabe im Bulgarischen*. Sofia: Universität »St. Kliment Ochridski« [Diplomarbeit], 1996, [masch.] 102 pp.

172 Mariana Parvanova. »Die Remarque-Rezeption in Bulgarien. Eine Retrospektive«. *Erich Maria Remarque Jahrbuch/Yearbook* 9 (1999), 134–154.

173 Wesselin Diankov. »Die Romane Remarques in Bulgarien zwischen den Weltkriegen«. Thomas F. Schneider, Roman R. Tschaikowski (eds.). *In 60 Sprachen. Erich Maria Remarque: Übersetzungsgeschichte und -probleme/Na 60 jazikakh. Perevody proizvedenij E.M. Remarka: istoriia i osnovnye problemy*. Osnabrück: Universitätsverlag Rasch, 2002 (Schriften des Erich Maria Remarque-Archivs 16), 47–62.

174 Mariana Parvanova. *E.M. Remarque in der kommunistischen Literaturkritik in der Sowjetunion und in Bulgarien*. Remscheid: Re Di Roma-Verlag, 2009, 85 pp.

*China*

175 Li Qinghua. »Remarque-Rezeption in China«. *Erich Maria Remarque Jahrbuch/Yearbook* 1 (1991), 30–47.

*Deutschland/Germany*

176 Thomas F. Schneider. »Zur Remarque-Rezeption in Deutschland. Eine Annäherung«. *Das Wort. Germanistisches Jahrbuch* (Moskau) (1995), 168–178.

177 Tilman Westphalen. »Zur politischen Diskussion um Erich Maria Remarque in der Bundesrepublik Deutschland – Sieben Bausteine für eine vorläufige Zwischenbilanz«. Thomas F. Schneider (ed.). *Erich Maria Remarque. Leben, Werk und weltweite Wirkung*. Osnabrück: Universitätsverlag Rasch, 1998 (Schriften des Erich Maria Remarque-Archivs 12), 343–370.

178 Harald Kloiber. »Zwischen Schulstube und Internet. Erich Maria Remarque in der Didaktik«. *Text + Kritik* (2001), 149: *Erich Maria Remarque*, 69–78.

*Frankreich/France*

179 Denis Bousch. »Zur Übersetzungsgeschichte der Romane Remarques in Frankreich im Kontext der deutsch-französischen Beziehungen«. Thomas F. Schneider, Roman R. Tschaikowski (eds.). *In 60 Sprachen. Erich Maria Remarque: Übersetzungsgeschichte und -probleme/Na 60 jazikakh. Perevody proizvedenij E.M. Remarka: istoriia i osnovnye problemy*. Osnabrück: Universitätsverlag Rasch, 2002 (Schriften des Erich Maria Remarque-Archivs 16), 76–84.

*Großbritannien/Great Britain*

180 Ian Campbell. »Remaking Remarque. The Arthur Wheen Papers«. *National. Library of Australian News* 8 (1998), 7 (April), 3–7.

181 Caroline Martin. »The Conflict of Education. Soldiers, civilians, a child and a teacher«. Brian Murdoch, Mark Ward, Maggie Sargeant (eds.). *Remarque against War. Essays for the centenary of Erich Maria Remarque, 1898–1970*. Glasgow: Scottish Papers in Germanic Studies, 1998 (SPGS 11), 39–61.

182 Uwe Zagratzki. »Remarque und seine britischen Kritiker. Rezensionen und Korrespondenzen zwischen 1928 und 1938«. *Erich Maria Remarque Jahrbuch/Yearbook* 10 (2000), 7–28.

183 A.N. Vakuliuk. »Anglijskie varianty zaglavij romanov E.M. Remarka«. *Idei, Gipotezy, Poisk... Germanistika i perevodovedenie* (Magadan) 10 (2003), 3–10.

*Korea*

184 Mi-Hyun Ahn. »Ein ewiger Liebhaber. Das Bild Erich Maria Remarques in Korea«. *Erich Maria Remarque Jahrbuch/Yearbook* 12 (2002), 112–133.

*Niederlande/The Netherlands*

185 Karen M. Beukers. »Die Remarque-Rezeption in den Niederlanden«. *Erich Maria Remarque Jahrbuch/Yearbook* 7 (1997), 73–92.

*Polen/Poland*

186 Hubert Orłowski. »Die polnische Kriegsliteratur und Erich Maria Remarque«. *Erich Maria Remarque Jahrbuch/Yearbook* 1 (1991), 18–29.

187 Roman Dziergwa: »Erich Maria Remarque und Polen. Texte und Dokumente zur Rezeption des Schriftstellers und seines Werkes in Polen«. *Erich Maria Remarque Jahrbuch/Yearbook* 2 (1992), 5–54.

188 Roman Dziergwa. »Wege und Abwege des polnischen ›Remarquismus‹. Zu politischen und anderen Aspekten der Remarque-Rezeption in Polen 1929–1997«. Thomas F. Schneider (ed.). *Erich Maria Remarque. Leben, Werk und weltweite Wirkung*. Osnabrück: Universitätsverlag Rasch, 1998 (Schriften des Erich Maria Remarque-Archivs 12), 411–430.

189 Roman Dziergwa. »Nieznany Remarque«. *Orbis Linguarium* 12 (1999), 61–69.

190 Roman Dziergwa. »Aus welcher Sprache? Zu den Übersetzungen von Remarques Romanen in der polnischen Literaturkritik«. Thomas F. Schneider, Roman R. Tschaikowski (eds.). *In 60 Sprachen. Erich Maria Remarque: Übersetzungsgeschichte und -probleme/Na 60 jazikakh. Perevody proizvedenij E.M. Remarka: istoriia i osnovnye problemy*. Osnabrück: Universitätsverlag Rasch, 2002 (Schriften des Erich Maria Remarque-Archivs 16), 33–46.

191 Joanna Łydzińska. »Casus Remarque'a – w kręgu idei i polityki«. *Polonistyka* 59 (2006), 1, 34–40.

*Russland/Russia + Sowjetunion/Soviet Union*

192 Jan Miżinski. »Powiesciopisarstwo E. M. Remarque'a w krytyce radzieckiej«. *Folia Societatis Scientiarum Lublinensis* 16 (1974), 51–59.

193 Frieder Bachteler. »Zur Frage des ›Remarquismus in sowjetischen Kriegsromanen nach 1945‹«. Irene Nowikowa (ed.). *Rezeption westeuropäischer Autoren in der Sowjetunion. Auswahlkriterien und Kritik*. Vol. 2. Hamburg: Buske, 1979 (Hamburger Beiträge für Russischlehrer 15), 9–39.

194 Petra Köhler-Haering. »Drei Kameraden – und kein Ende? Überlegungen zur Hinführung zu neuer deutschsprachiger Literatur«. *Das Wort. Germanistisches Jahrbuch* (Moskau), 1994, 183–190.

195 Jewgenija W. Rosen. »Studentische Arbeiten zu Remarque in Tver'«. *Erich Maria Remarque Jahrbuch/Yearbook* 4 (1994), 83–86.

196 Petra Köhler-Haering. »Remarques Roman *Drei Kameraden* als Unterrichtsgegenstand an sowjetischen und russischen Hochschulen«. *Erich Maria Remarque Jahrbuch/Yearbook* 5 (1995), 39–44.

197 Sergei Schepotiev. »Erich Maria Remarque's Conception of Goodness and its Perception in Russia Today«. Thomas F. Schneider (ed.). *Erich Maria Remarque. Leben, Werk und weltweite Wirkung.* Osnabrück: Universitätsverlag Rasch, 1998 (Schriften des Erich Maria Remarque-Archivs 12), 453–456.

198 O.M. Fadeeva. »Kliuchevye slova v aforizmakh E.M. Remarka v aspekte perevoda«. *Idei, Gipotezy, Poisk...* (Magadan) 7 (2000), 44–49.

199 E.V. Zavarzina. »Iazyk originala i iazyk perevoda v sopostavitel'nom aspekte (na primere perevodov prozy E.M. Remarka)«. *Idei, Gipotezy, Poisk...* (Magadan) 7 (2000), 8–11.

200 a O.M. Fadeeva. »Aforistichnost' prozy E.M. Remarka i problemy ee vossozdaniia v russkikh perevodakh«. R.R. Tschaikowski (ed.). *Perevod i perevodtsiki. Nauchnij al'manakh.* Vypusk 2: *E.M. Remark.* Magadan: Kordis, 2001, 14–23.

b O.M. Fadeeva. »Aforistichnost' prozy E.M. Remarka i ee vossozdanie v russkikh perevodakh«. Thomas F. Schneider, Roman R. Tschaikowski (eds.). *In 60 Sprachen. Erich Maria Remarque: Übersetzungsgeschichte und -probleme/Na 60 jazikakh. Perevody proizvedenij E.M. Remarka: istoriia i osnovnye problemy.* Osnabrück: Universitätsverlag Rasch, 2002 (Schriften des Erich Maria Remarque-Archivs 16), 97–106.

201 a R.R. Tschaikowski, A.E. Krasheninnikov, E.L. Lysenkova. »Russkie perevody romanov E.M. Remarka v kontekste epokhi«. R.R. Tschaikowski (ed.). *Perevod i perevodtsiki. Nauchnij al'manakh.* Vypusk 2: *E.M. Remark.* Magadan: Kordis, 2001, 5–14.

b R.R. Tschaikowski, A.E. Krascheninnikov, E.L. Lysenkova. »Remark v Rossii bol'she, chem Remark. K ontologii russkikh perevodov prozy E.M. Remarka«. Thomas F. Schneider, Roman R. Tschaikowski (eds.). *In 60 Sprachen. Erich Maria Remarque: Übersetzungsgeschichte und -probleme/Na 60 jazikakh. Perevody proizvedenij E.M. Remarka: istoriia i osnovnye problemy.* Osnabrück: Universitätsverlag Rasch, 2002 (Schriften des Erich Maria Remarque-Archivs 16), 13–22.

202 R.R. Tschaikowski, E.A. Kostenko. »Beckorystie perevoda (novye perevody iz E.M. Remarka)«. R.R. Tschaikowski (ed.). *Perevod i perevodtsiki. Nauchnij al'manakh.* Vypusk 2: *E.M. Remark.* Magadan: Kordis, 2001, 80–90.

203 R.R. Tschaikowski, T.I. Venslavovich. »Perevodchiki E.M. Remarka o svoem trude«. R.R. Tschaikowski (ed.). *Perevod i perevodtsiki. Nauchnij al'manakh.* Vypusk 2: *E.M. Remark.* Magadan: Kordis, 2001, 54–63.

204 A.S. Ivanov. »Evangelie ot Remarka. Novye knigi E.M. Remarka i ob E.M. Remarke«. Thomas F. Schneider, Roman R. Tschaikowski (eds.). *In 60 Sprachen. Erich Maria Remarque: Übersetzungsgeschichte und -probleme/Na 60 jazikakh. Perevody proizvedenij E.M. Remarka: istoriia i osnovnye problemy.* Osnabrück: Universitätsverlag Rasch, 2002 (Schriften des Erich Maria Remarque-Archivs 16), 23–32.

205 Valentin Mikhalkovich. »Khrushchov protiv Remarka«. *Rodina* (Moskva) (2002), 10, 113–115.

206 T.I. Venslavovich. »Evoliutsiia iazykovoj obraznosti v romanakh E.M. Remarka«. Thomas F. Schneider, Roman R. Tschaikowski (eds.). *In 60 Sprachen. Erich Maria Remarque: Übersetzungsgeschichte und -probleme/Na 60 jazikakh. Perevody proizvedenij E.M. Remarka: istoriia i osnovnye problemy.* Osnabrück: Universitätsverlag Rasch, 2002 (Schriften des Erich Maria Remarque-Archivs 16), 124–130.

207 Ol'ga M. Fadeeva. *Aforistika E. M. Remarka i problemy ee vossozdaniia v russkikh perevodakh.* Magadan: Universität [Diss.], 2003.

208 O.M. Fadeeva. »Semantiko-sintaksicheskij aspekt aforismov E.M. Remarka«. *Idei, Gipotezy, Poisk... Germanistika i perevodovedenie* (Magadan) 10 (2003), 46–53.

209 E.A. Kovyneva. »Verlinbr E.M. Remarka kak perevodcheskaia zadacha«. *Idei, Gipotezy, Poisk... Germanistika i perevodovedenie* (Magadan) 10 (2003), 21–28.

210 E.V. Narbut. »Kliuchevye slova originala i ikh sootvetstviia v perevodakh«. *Idei, Gipotezy, Poisk... Germanistika i perevodovedenie* (Magadan) 10 (2003), 40–46.

211 E. A. Kovyneva. »Sopostavitel'nij analyz originalov i russkikh perevodov stikhotvorenij E. M. Remarka«.

*Idei, Gipotezy, Poisk... Germanistika i Perevodovedenie* (Magadan) 12 (2005), 17–21.

212 Natal'ia V. Gubenko. *Ekspressivnost' sredstv vyrazheniia utverzhdeniia i otritsaniia v iazyke podlinnika i perevodov romanov E.M. Remarka.* Krasnodar: Universität [Diss.], 2006.

213 V.V. Mikhaleva. »Nachal'nyi etap retseptsii tvorchestva E.M. Remarka sredstvami russkogo iazyka«. *Idei, Gipotezy, Poisk...* (Magadan) 15/16 (2009), 18–19.

214 Mariana Parvanova. *E.M. Remarque in der kommunistischen Literaturkritik in der Sowjetunion und in Bulgarien.* Remscheid: Re Di Roma-Verlag, 2009, 85 pp.

215 E.S. Sherstneva. »Fenomen perevodnoj mnozhestvennosti v mirovoj literature«. *Idei, Gipotezy, Poisk...* (Magadan) 15/16 (2009), 45–49.

*Schweden/Sweden*

216 Birgitta Myrberg. *Erich Maria Remarque in Schweden.* Stockholm: Universität [Examensarb.], 1970, 27 pp.

*Tschechoslowakei/Czechoslovakia*

217 Jaroslav Kovár. »Remarques Romane in der Tschechoslowakei (1929 - 1992)«. *Brünner Beiträge zur Germanistik und Nordistik* 9 (1994), 69–82.

218 Radoslava Pritzová. *Die Remarque-Rezeption in der Tschechoslowakei. Analyse der deutschen, tschechischen und slowakischen Rezeption zum Roman »Zeit zu leben und Zeit zu sterben«.* Bratislava: Filozofická fakulta Univerzity Komenského, Katedra germanistiky a nordistiky [Diplomarbeit], 1997, [masch.], 99 pp.

219 Jaroslav Kovár. »Erich Maria Remarque im tschechischen Kulturkontext«. Thomas F. Schneider (ed.). *Erich Maria Remarque. Leben, Werk und weltweite Wirkung.* Osnabrück: Universitätsverlag Rasch, 1998 (Schriften des Erich Maria Remarque-Archivs 12), 397–409.

*Türkei/Turkey*

220 B. Sevinç Mesbah. *Erich Maria Remarque'ın Eserlerinin 1950 Yılına Kadar Yapılan Türkçe Çevirileri ve Türkiye'deki Remarque Imajı.* Ankara: Gazi Üniversitesi Sosyal Bilimler Enstitüsü [Magisterarbeit], 1990, 110 pp.

221 Bedriye Sevinç Mesbah. *Die Rezeption und die Übersetzungen der Werke Erich Maria Remarques in der Türkei von 1950 bis zur Gegenwart.* Ankara: Gazi Universität [Diss.], 1996 [masch.], 352 pp.

222 B. Sevinç Mesbah. »Alimlama (Rezeption) Üzerine Türkiye'deki Erich-Maria Remarque ve Eserlerinin Alimlanmasi«. *Frankofoni* (Ankara) 9 (1997), 341–357.

223 B. Sevinç Mesbah. »Remarque in der Türkei vor 1950«. *Erich Maria Remarque-Jahrbuch/Yearbook* 18 (2008), 89–108.

### *Ungarn/Hungary*

224 René Geoffroy. »Német Nyelvu Emigráns Írók Magyar Kiadóknál 1933–1944 Között Megkelent Muvei [German-language émigré writers in Hungarian publishing, 1933–44]«. *Magyar Könyvszemle* 111 (1995), 1, 51–67.

### *USA*

225 Hans Wagener. »The Novels of Erich Maria Remarque in American Reviews«. Wolfgang Elfe, James Hardin, Gunther Holst (eds.). *The Fortunes of German Writers in America. Studies in literary reception.* Columbia/SC: University of South Carolina Press, 1992, 211–230.

226 Richard A. Kipphorn jr. »My 20 Years of Teaching Remarque in an American University«. Thomas F. Schneider (ed.). *Erich Maria Remarque. Leben, Werk und weltweite Wirkung.* Osnabrück: Universitätsverlag Rasch, 1998 (Schriften des Erich Maria Remarque-Archivs 12), 457–484.

227 A.N. Vakuljuk. »Retseptsija prozy E.M. Remarka nachal'nogo perioda tvorchestva v SShA«. *Idei, Gipotezy, Poisk... Germanistika i perevodovedenie* (Magadan) 11 (2004), 3–11.

## Verfilmungen/Movies

228 Hermann Flau. »Remarque-Verfilmungen. Ungewollt politisch – politisch ungewollt«. Tilman Westphalen (ed.). *Erich Maria Remarque 1898 – 1970*. Bramsche: Rasch, 1988, 113–136.

229 Thomas F. Schneider (ed.). »*Das Auge ist ein starker Verführer*«. *Erich Maria Remarque und der Film*. Osnabrück: Universitätsverlag Rasch, 1988 (Schriften des Erich Maria Remarque-Archivs 13), 312 pp.
Inhalt/Contents: Einleitung
John W. Chambers II: *All Quiet on the Western Front/Im Westen nichts Neues* (1930). Der Antikriegsfilm und das Bild des modernen Krieges
Andrew Kelly: Hollywood und Nachkriegsdeutschland. *Der Weg zurück* und *Drei Kameraden*
Jan-Christopher Horak: Ewig auf der Flucht. Die Romanverfilmung *So Ends Our Night*
Heinrich Placke: Die politischen Diskussionen in den fünfziger Jahren um die Remarque Filme: Teil I: *Der letzte Akt* (Österreich, 1955)
Heinrich Placke: Die politischen Diskussionen in den fünfziger Jahren um die Remarque Filme: Teil II: *Zeit zu leben und Zeit zu sterben* (USA, 1957)
Filmographie

230 Hans Wagener. *Understanding Erich Maria Remarque*. Columbia/SC: University of South Carolina Press, 1991 (Understanding Modern European and Latin American Literature), 121–126.

231 Arnold Berson. »Erich Maria Remarque«. *films in review* 45 (1994), 9/10, 28–35.

232 Hans Beller. »Schreiben im Schatten des Paradieses. Erich Maria Remarque und der Film. Eine Collage«. *Erich Maria Remarque Jahrbuch/Yearbook* 9 (1999), 39–61.

233 Roman Dziergwa. »Literatura a film – problemy adaptacji filmowej dziel literackih na przykladzie ekranizacji powiesci Ericha Marii Remarka«. *Scripta Neophilologica Posniensia* (Poznań), 1999, 127–137.

234 Karolina Kęsicka. *Adaption als Translation. Zum Bedeutungstransfer zwischen der Literatur- und Filmsprache am Beispiel der Remarque-Verfilmungen*. Dresden, Wroclaw: Neisse, 2009 (Dissertationes Inaugurales Selectae 54), 304 pp.

## Schriften bis 1929/Writings up to 1929

235 a Armin Kerker. »Zwischen Innerlichkeit und Nacktkultur. Der unbekannte Remarque«. *Die Horen* (Hannover) 19 (1974), 3, 3–23.

b Armin Kerker. »Zwischen Innerlichkeit und Nacktkultur. Der unbekannte Remarque«. Armin Kerker. *Aus den Köpfen an die Tafel*. München: Raith, 1975 (Literatur und Engagement), 35–54.

236 Armin Kerker. »Die ›Heimatliteratur‹ des Erich Maria Remarque«. *Almanach für Literatur und Theologie* 14 (1980), 51–61.

237 Richard A. Firda. *Erich Maria Remarque. A thematic analysis of his novels*. New York, Bern, Frankfurt/Main, Paris: Peter Lang, 1988 (American University Studies XIX, 8), 1–28.

238 Jan Miżinski. »Einige Bemerkungen zum literarischen Frühwerk von Erich Maria Remarque«. *Mitteilungen der Erich Maria Remarque Gesellschaft Osnabrück e.V.* 5/6 (1989), 3–17.

239 Marcel Fürstenau. *Darstellung und Funktion von Frauen in den Romanen Erich Maria Remarques – Mit Berücksichtigung der journalistischen Arbeiten seiner Frühphase*. Berlin: Freie Universität [Magisterarbeit], 1990, [masch.] 87 pp.

240 Thomas F. Schneider. »Über das Mixen kostbarer Schnäpse und andere Kleinigkeiten. Anmerkungen zum ›Frühwerk‹ Erich Maria Remarques«. Thomas F. Schneider, Donald Weiss. *Erich Maria Remarque. Die Traumbude, Station am Horizont. Die unselbständigen Publikationen (1916–1968). Eine Bibliographie*. Osnabrück: Universitätsverlag Rasch, 1995 (Schriften des Erich Maria Remarque-Archivs 9), 7–12.

241 Rolf Parr. »Tacho. km/h. Kurve. Unfall. Körper. Erich Maria Remarques journalistische und kunstliterarische Autofahrten«. Thomas F. Schneider (ed.). Erich Maria Remarque. *Leben, Werk und weltweite Wirkung*. Osnabrück: Universitätsverlag Rasch, 1998 (Schriften des Erich Maria Remarque-Archivs 12), 69–90.

242 My-Hyun Ahn. »Modernität oder Trivialität. Eine Untersuchung der Frühromane Erich Maria Remarques«. *Dogilmunhak* 43 (2002), 2, 209–224.

## Gedichte/Poems (1918–1970/1998)

243 E.A. Kostenko, R.R. Tschaikowski. »›Abendlied‹ E.M. Remarka: 27 perevodov«. R.R. Tschaikowski (ed.). *Perevod i perevodtsiki. Nauchnij al'manakh.* Vypusk 2: *E.M. Remark.* Magadan: Kordis, 2001, 64–79.

244 E.A. Kostenko. »Perevody poezii E.M. Remarka v otsenke kritiki«. Thomas F. Schneider, Roman R. Tschaikowski (eds.). *In 60 Sprachen. Erich Maria Remarque: Übersetzungsgeschichte und -probleme/Na 60 jazikakh. Perevody proizvedenij E.M. Remarka: istoriia i osnovnye problemy.* Osnabrück: Universitätsverlag Rasch, 2002 (Schriften des Erich Maria Remarque-Archivs 16), 119–123.

245 E.A. Kovyneva. »Tematicheskie gruppy slov opyblikovannykh i neopublikovannykh stikhotvorennij E.M. Remarka«. *Idei, Gipotezy, Poisk... Germanistika i Perevodovedenie* (Magadan) 13 (2006), 14–16.

## *Die Traumbude/The Dream Garrett* (1920)

246 Richard Arthur Firda. »Young Erich Maria Remarque: *Die Traumbude*«. *Monatshefte* 71 (1979), 49–55.

247 Petra Oerke. »›Geliebter Fritz‹. Entstehung und biographischer Hintergrund von Remarques erstem Roman *Die Traumbude* (1920)«. Thomas F. Schneider (ed.). *Erich Maria Remarque. Leben, Werk und weltweite Wirkung.* Osnabrück: Universitätsverlag Rasch, 1998 (Schriften des Erich Maria Remarque-Archivs 12), 41–56.

248 a Petra Oerke. »Erläuterungen. *Die Traumbude* (1920)«. Erich Maria Remarque. *Das unbekannte Werk. Frühe Prosa. Werke aus dem Nachlaß. Briefe und Tagebücher.* Herausgegeben von Tilman Westphalen und Thomas F. Schneider. Vol. 1: *Frühe Romane.* Köln: Kiepenheuer & Witsch, 1998, 563–570.

b Petra Jorke. »Belezhki na nemckiia uzdatel«. Erikh Mariia Remark. *Mansardata na blianovete. Roman.* Sofia: Delakort, 1999, 165–175.

c Petra Oerke. »Note explicative. Cuibul visurilor (1920)«. Erich Maria Remarque. *Cuibul visurilor. Roman din mediul artiştilor.* Bucureşti: Vivaldi, 2002, 217–227.

249 Brian Murdoch. *The Novels of Erich Maria Remarque. Sparks of Life*. Rochester/NY, Woodbridge: Camden House, 2006, 1–30.

## *Die Conti-Buben* (1921–1926)

250 Harley U. Taylor. *Erich Maria Remarque. A literary and film biography*. New York, Bern, Frankfurt/Main, Paris: Peter Lang, 1989 (American University Studies I, 65), 45–52.

251 Robert Kuhn. »Erich Maria Remarque. Der Conti-Bube«. Robert Kuhn. *Wenn Dichter texten...* Hamburg: Gruner + Jahr, 1996 (Die STERN Bibliothek), 38–41.

252 a Eckart Sackmann, Gerd Lettkemann. »Der Contibube – Erich Maria Remarque als Comicautor«. *Deutsche Comicforschung* 2 (2006), 60–67.

b Eckart Sackmann, Gerd Lettkemann. »Der Contibube. Erich Maria Remarque als Comicautor«. *Erich Maria Remarque Jahrbuch/Yearbook* 17 (2007), 46–50.

## *Gam* (1923/24)

253 Brian Murdoch. *The Novels of Erich Maria Remarque. Sparks of Life*. Rochester/NY, Woodbridge: Camden House, 2006, 1–30.

## *Über das Mixen kostbarer Schnäpse* (1924)

254 Thomas F. Schneider, Dieter Voigt. »Die trunkene Öffentlichkeit. Erläuterungen zu Erich Maria Remarques Über das Mixen kostbarer Schnäpse«. *Jahrbuch zur Literatur der Weimarer Republik* 1 (1995), 15–25.

## *Die Vielgelesenen* (1925)

255 Donald Weiss. »Wer ist Juan de Lavalette? *Die Vielgelesenen* – ein Artikel als Zeugnis des ›Frühwerks‹ Remarques«. *Erich Maria Remarque Jahrbuch/Yearbook* 4 (1994), 90–94.

## *Station am Horizont/Station at the Horizon* (1927/28)


256 a Thomas F. Schneider. »Nur das Credo eines Snobs? Anmerkungen zu Station am Horizont«. Erich Maria Remarque. *Station am Horizont. Roman.* Herausgegeben von Thomas F. Schneider und Tilman Westphalen. Köln: Kiepenheuer & Witsch, 1998, 217–229.

b Tomas F. Shnajder. «Samo kredoto na snoba li? Velezhku kim ›Spirka na khorizonta‹«. Erikh Mariia Remark. *Spirka na Khorizonta. Roman.* Perevod ot nemski Diana Dimanova. Sofia: Delakort, 1998, 249–253.

c Thomas F. Schneider. »Zar samo kredo jednog snoba? Napomene uz roman Postaja na obzorju«. Erich Maria Remarque. *Postaja na obzorju.* Prijevod Božena Bahun. Zagreb: CID-Nova, 1999 (Biblioteka Hermes 1), 203–210.

d Thomas F. Schneider. »Nur das Credo eines Snobs? Anmerkungen zu Station am Horizont«. Erich Maria Remarque. *Station am Horizont. Roman.* Herausgegeben von Thomas F. Schneider und Tilman Westphalen. Köln: Kiepenheuer & Witsch, 2000 (KiWi 576), 217–229.

257 Nanda Fischer. »The Eternal Player of ›From Bescia to Brescia‹. E. M. Remarque's Novels on Car Racing«. *Aethlon: The Journal of Sport Literature* 17 (2000), 117–126.

258 Thomas F. Schneider. »Die andere Liebe. Anmerkungen zu den Erzählungen und Essays von Erich Maria Remarque«. Erich Maria Remarque. *Herbstfahrt eines Phantasten. Erzählungen und Essays.* Mit Erläuterungen und einem Nachwort herausgegeben von Thomas F. Schneider. Köln: Kiepenheuer & Witsch, 2001 (KiWi 652), 303–317.

259 Brian Murdoch. *The Novels of Erich Maria Remarque. Sparks of Life.* Rochester/NY, Woodbridge: Camden House, 2006, 195–224.

## *Im Westen nichts Neues/All Quiet on the Western Front* (1928/29)


260 Herbert Cysarz. *Zur Geistesgeschichte des Weltkrieges. Die dichterischen Wandlungen des deutschen Kriegsbildes 1910–1930.* Halle/Saale: Niemeyer, 1931, 138–143.

261 P. Hagbolt. »Ethical and Social Problems in the German War Novel«. *Journal of English and German Philology* 32 (1933), 21–32.

262 a Edwin M. Moseley. »Christ as Doomed Youth. Remarque's All Quiet...«. Edwin M. Mosley. *Pseudonyms of Christ in the Modern Novel.* Pittsburgh, 1962, 89–105.

b Edwin M. Mosley. »Christ as Doomed Youth. Remarque's All Quiet...«. Harold Bloom (ed.). *Erich Maria Remarque's All Quiet on the Western Front.* Philadelphia: Chelsea House, 2001 (Modern Critical Interpretations), 11–21.

263 Johannes Brautzsch. *Untersuchungen über die Publikumswirksamkeit der Romane »Im Westen nichts Neues« und »Der Weg zurück« von Erich Maria Remarque vor 1933.* Potsdam: Universität [Diss.], 1969 [masch.].

264 a Hans Joachim Bernhard. »Nachwort«. Erich Maria Remarque. *Im Westen nichts Neues.* Berlin, Weimar: Aufbau, 1975, 237–267.

b Hans Joachim Bernhard. »Nachwort«. Erich Maria Remarque. *Im Westen nichts Neues.* Berlin, Weimar: Aufbau, 1989 (Taschenbibliothek der Weltliteratur), 182–205.

265 Brian A. Rowley. »Journalism into Fiction: *Im Westen nichts Neues*«. Holger Klein (ed.). *The First World War in Fiction. A Collection of Critical Essays.* London: Macmillan, 1976, 101–111.

266 a Alan F. Bance. »Im Westen nichts Neues: A Bestseller in Context«. *Modern Language Review* 72 (1977), 359–373.

b Alan F. Bance. »Im Westen nichts Neues: A Bestseller in Context«. Harold Bloom (ed.). *Erich Maria Remarque's All Quiet on the Western Front.* Philadelphia: Chelsea House, 2001 (Modern Critical Interpretations), 59–74.

c Alan F. Bance. »Im Westen nichts Neues: A Bestseller in Context«. Brian Murdoch (ed.). *Critical Insights: All Quiet on the Western Front.* Pasadena/CA: Salem Press, 2010.

267 Michael Gollbach. *Die Wiederkehr des Weltkriegs in der Literatur. Zu den Frontromanen der späten Zwanziger Jahre.* Kronberg/Taunus: Scriptor, 1978, 42–83.

268 a Christine R. Barker, Rex W. Last. *Erich Maria Remarque*. London: Oswald Wolff; New York: Barnes & Nobles, 1979, 32–68.

b Christine R. Barker, Rex W. Last. »The Critics' View of All Quiet on the Western Front«. Harold Bloom (ed.). *Erich Maria Remarque's All Quiet on the Western Front*. Philadelphia: Chelsea House, 2001 (Modern Critical Interpretations), 75–110.

269 a Roland Garrett. »Liberal Education on the Western Front«. *Journal of General Education* 31 (1979), 3.

b Roland Garrett. »Liberal Education on the Western Front«. Harold Bloom (ed.). *Erich Maria Remarque's All Quiet on the Western Front*. Philadelphia: Chelsea House, 2001 (Modern Critical Interpretations), 111–116.

270 Modris Eksteins. »All Quiet on the Western Front and the Fate of a War«. *Journal of Contemporary History*, 1980, 345–365.

271 Hubert Rüter. *Erich Maria Remarque. Im Westen nichts Neues – Ein Bestseller der Kriegsliteratur im Kontext*. Paderborn, München, Wien, Zürich: Schöningh, 1980 (Modellanalysen: Literatur 75044), 236 pp.

272 Harley U. Taylor. »Erich Maria Remarque's *Im Westen nichts Neues* and the Movie *All Quiet on the Westen Front*. Genesis, Execution, and Reception«. West Virginia *University Philological Papers* 26 (1980), 13–20.

273 Alfredo Bonadeo. »War and Degradation. Gleanings from the Literature of the Great War«. *Comparative Literature Studies* 21 (1984), 4, 409–433.

274 Hans-Harald Müller. *Der Krieg und die Schriftsteller. Der Kriegsroman der Weimarer Republik*. Stuttgart: Metzler, 1986, 36–93.

275 Peter Horn. »Der ›unbeschreibliche‹ Krieg und sein fragmentierter Erzähler. Zu Remarques Kriegsroman *Im Westen nichts Neues*«. *Heinrich Mann Jahrbuch* 4/1986 (1987), 85–108.

276 Bärbel Schrader, Jürgen Schebera. *Kunstmetropole Berlin 1918–1933. Die Kunststadt in der Novemberrevolution. Die ›goldenen‹ Zwanziger. Die Kunststadt in der Krise*. Berlin, Weimar: Aufbau, 1987, 239–281.

277 a Tilman Westphalen. »Nachwort. Ein Simplicissimus des 20. Jahrhunderts?«. Erich Maria Remarque. *Im Westen nichts Neues. Roman*. Mit Materialien und einem Nachwort von Tilman Westphalen. Köln: Kie-

penheuer & Witsch, 1987 (KiWi 141), 349–371.

b Tilman Westphalen. »Nachwort. Ein Simplicissimus des 20. Jahrhunderts?«. Erich Maria Remarque. *Im Westen nichts Neues. Roman.* Mit Materialien und einem Nachwort von Tilman Westphalen. Köln: Kiepenheuer & Witsch, 1992 (KiWi 272), 349–371.

c Tilman Westphalen. »Ein Simplicissimus des 20. Jahrhunderts«. Erich Maria Remarque. Im Westen nichts Neues. Roman. Mit Materialien und einem Nachwort von Tilman Westphalen. Köln: Kiepenheuer & Witsch, 1998 (KiWi 470), 265–285.

d Tilman Westphalen. »Ein Simplicissimus des 20. Jahrhunderts«. Erich Maria Remarque. Im Westen nichts Neues. Roman. Mit einem Nachwort von Tilman Westphalen. Köln: Kiepenheuer & Witsch, 1998 (KiWi 494), 199–219.

e Tilman Westphalen. »Ein Simplicissimus des 20. Jahrhunderts«. Erich Maria Remarque. *Die großen Romane.* Vol 1: *Im Westen nichts Neues. Roman.* Herausgegeben von Tilman Westphalen. Köln: Kiepenheuer & Witsch, 1998 (KiWi 480), 199–219.

f Tilman Westphalen. »Ein Simplicissimus des 20. Jahrhunderts«. Erich Maria Remarque. *Im Westen nichts Neues. Der Feind. Ein Roman und sechs Erzählungen.* Köln: Kiepenheuer & Witsch, 2005 (KiWi 916), 199–219.

278 Nicolas J. Dornheim. »El motivo de la confratornizacion en la literatura alemana de guerra desde Remarque hasta Böll«. *Revista de literaturas moderna* 21 (1988), 131–150.

279 Richard A. Firda. *Erich Maria Remarque. A thematic analysis of his novels.* New York, Bern, Frankfurt/Main, Paris: Peter Lang, 1988 (American University Studies XIX, 8), 29–64.

280 a Richard Littlejohns. »Der Krieg hat uns für alles verdorben: The real theme of *Im Westen nichts Neues*«. *Modern Languages* 70 (1989), 2, 89ff.

b Richard Littlejohns. »Der Krieg hat uns für alles verdorben: the Real Theme of Im Westen nichts Neues«. Brian Murdoch (ed.). *Critical Insights: All Quiet on the Western Front.* Pasadena/CA: Salem Press, 2010.

281 Brian Murdoch. »All Quiet on the Trojan Front: Remarque, Homer and war as targets of literary parody«. *German Life & Letters* 43 (1989/90), 49–62.

282 Harley U. Taylor. *Erich Maria Remarque. A literary and film biography.*

New York, Bern, Frankfurt/Main, Paris: Peter Lang, 1989 (American University Studies I, 65), 61–76.

283 a Richard Schumaker. »Remarque's Abyss of Time. *Im Westen nichts Neues*«. *Focus on Robert Graves and His Contemporaries* 1 (1990/1991), 10, 24–36.

b Richard Schumaker. »Remarque's Abyss of Time: *Im Westen nichts Neues*«. Brian Murdoch (ed.). *Critical Insights: All Quiet on the Western Front*. Pasadena/CA: Salem Press, 2010.

284 Günter Hartung. »Zum Wahrheitsgehalt des Romans *Im Westen nichts Neues*«. *Erich Maria Remarque Jahrbuch/Yearbook* 1 (1991), 5–17.

285 a Brian O. Murdoch. *Remarque, Im Westen nichts Neues*. Glasgow: University of Glasgow French & German Publications, 1991 (Glasgow introductory guides to German literature 7), 63 pp.

b Brian O. Murdoch. *Remarque, Im Westen nichts Neues*. 2. erweiterte Auflage. Glasgow: University of Glasgow French & German Publications, 1995 (Glasgow introductory guides to German literature 7), 67 pp.

c Brian O. Murdoch. »Die Front ist ein Käfig. Paul Bäumer's War«. Harold Bloom (ed.). *Erich Maria Remarque's All Quiet on the Western Front*. Philadelphia: Chelsea House, 2001 (Modern Critical Interpretations), 143–155.

286 a Hans Wagener. *Understanding Erich Maria Remarque*. Columbia, SC: University of South Carolina Press, 1991 (Understanding Modern European and Latin American Literature), 9–36.

b Hans Wagener. »All Quiet on the Western Front – A New Direction«. Harold Bloom (ed.). *Erich Maria Remarque's All Quiet on the Western Front*. Philadelphia: Chelsea House, 2001 (Modern Critical Interpretations), 117–142.

287 Brian O. Murdoch. »Narrative Strategies in Remarque's ›Im Westen nichts Neues‹«. *New German Studies* 17 (1992/1993), 3, 175–201.

288 Richard Arthur Firda. *All Quiet on the Western Front. Literary analysis and cultural context*. New York: Twayne Publ., 1993 (Twayne's Masterwork Studies 129), 149 pp.

289 Thomas Becker. *Literarischer Protest und heimliche Affirmation. Das ästhetische Dilemma des Weimarer Antikriegsromans*. Butzbach-Griedel: Afra, 1994, 20–88 + 230–240.

290 Justyna Iwanowska. *Erich Maria Remarque und seine Auseinanderset-*

*zung mit dem Krieg*. Poznań: Adam Mickiewicz-Universität [Magisterarbeit], 1994, [masch.] 76 pp.

291 a Brian Murdoch. »Afterword«. Erich Maria Remarque. *All Quiet on the Western Front*. Translated from the German by Brian Murdoch. London: Jonathan Cape, 1994, 209–216.

b Brian Murdoch. »Afterword«. Erich Maria Remarque. *All Quiet on the Western Front*. Translated from the German by Brian Murdoch. London: Vintage, 1996, 209–216.

292 Modris Eksteins. »All Quiet on the Western Front«. *History Today*, (1995), November, 29–34.

293 Bernd Stegemann. *Fakten und Fiktionen – E.M. Remarque als Lehrer 1919 – 1920 und seine Darstellung von Schule, Lehrern und Schülern in den Romanen »Im Westen nichts Neues« und »Der Weg zurück«*. Osnabrück: Universität Osnabrück [Magisterarbeit], 1995, [masch.] 117 pp.

294 David J. Ulbrich. »A Male Conscious Critique of Erich Maria Remarque's *All Quiet on the Western Front*«. *Journal of Men's Studies. A scholarly journal about men and masculinities* 3 (1995), 3, 229–240.

295 Brian Murdoch. »We Germans? Remarques englischer Roman *All Quiet on the Western Front*«. *Erich Maria Remarque Jahrbuch/Yearbook* 6 (1996), 10–34.

296 Birgit Nilles. *E. M. Remarques »Im Westen nichts Neues«. Werk und Wirkung*. Köln: Universität Köln, Institut für Deutsche Sprache und Literatur [Examensarbeit], 1996, [masch.] 86 pp.

297 Marlis Hagen. »›À L'Ouest Rien de Nouveau‹ d'Erich Maria Remarque«. *L'Ecole des Lettres* 2 (1996/1997), 13 (01.05.1997), 23–31.

298 Frank Trommler. »The Therapeutic Response. Continuities from World War I to National Socialism«. Bernd Hüppauf (ed.). *War, Violence, and the Modern Condition*. Berlin: de Gruyter, 1997, 65–76.

299 Brian Murdoch. »Paul Bäumer's Diary. *Im Westen nichts Neues*, the war diary and the fictionality of the war novel«. Brian Murdoch, Mark Ward, Maggie Sargeant (eds.). *Remarque against War. Essays for the centenary of Erich Maria Remarque, 1898–1970*. Glasgow: Scottish Papers in Germanic Studies, 1998 (SPGS 11), 1–23.

300 Nigel Hunt. »*All Quiet on the Western Front* and understanding of psychological trauma«. *Narrative Inquiry* 9 (1999), 1, 207–212.

301 Terry O'Neill (ed.). *Readings on All Quiet on the Western Front*. San

Diego/CA: Greenhaven Press, 1999 (Greenhaven Press literary companion to world literature), 128 pp.

302 W. John Campbell. *The book of Great Books. A Guide to 100 World Classics*. Lyndhurst, NJ: Barnes & Noble, 2000, 9–16.

303 Tobias Löscher. *Remarque, Erich Maria – Im Westen nichts Neues*. München: GRIN [Schulaufsatz, Internetveröffentlichung], 2000, 8 pp.

304 Anja Repke. *Remarque, Erich Maria – Im Westen nichts Neues – Textanalyse zu einer Textstelle*. München: GRIN [Schulaufsatz, Internetveröffentlichung], 2000, 6 pp.

305 Erhard Schütz. »Nicht Manns genug? Remarque: *Im Westen nichts Neues* 1928«. Klaus-Michael Bogdal, Clemens Kammler (eds.). *(K)ein Kanon. 30 Schul-Klassiker neu gelesen*. München: Oldenbourg, 2000 (Oldenbourg Interpretationen 100), 113–118.

306 Hans Wagener. »Zwischen Realismus und Rhetorik. Zu Erich Maria Remarques *Im Westen nichts Neues*«. *Krieg und Literatur/War and Literature Jahrbuch/Yearbook* 6 (2000), 69–88.

307 a Hans Wagener. »Erich Maria Remarque, *Im Westen nichts Neues – Zeit zu leben und Zeit zu sterben*. Ein Autor, zwei Weltkriege«. *Erich Maria Remarque Jahrbuch/Yearbook* 10 (2000), 29–50.

b Hans Wagener. »Erich Maria Remarque, *Im Westen nichts Neues – Zeit zu leben und Zeit zu sterben*: Ein Autor, zwei Weltkriege«. Ursula Heukenkamp (ed.). *Schuld und Sühne? Kriegserlebnis und Kriegsdeutung in deutschen Medien der Nachkriegszeit (1945–1961)*. Amsterdam: Rodopi, 2001 (Amsterdamer Beiträge zur neueren Germanistik 50), 103–111.

308 Bernhard Wessels. *Remarque, Erich Maria – Im Westen nichts Neues*. München: GRIN [Schulaufsatz, Internetveröffentlichung], 2000, 10 pp.

309 Monique Wolf. *Remarque, Erich Maria – Im Westen nichts Neues*. München: GRIN [Schulaufsatz, Internetveröffentlichung], 2000, 9 pp.

310 Harold Bloom (ed.). *Erich Maria Remarque's All Quiet on the Western Front*. Philadelphia: Chelsea House, 2001 (Modern Critical Interpretations), 174 pp.
Inhalt/Contents: Introduction
William K. Pfeiler: Remarque and Other Men of Feeling
Edwin M. Mosley: Christ As Doomed Youth
Helmut Liedloff: Two War Novels
Wilhelm J. Schwarz: The Works of Ernst Jünger and Erich Maria Remarque on World War I
A.F. Bance: *Im Westen nichts Neues*. A Bestseller in Context

Christine R. Barker, R.W. Last: The Critic's View of *All Quiet on the Western Front*
Roland Garrett: Liberal Education on the Western Front
Hans Wagener: *All Quiet on the Western Front* – a New Direction
Brian O. Murdoch: Die Front ist ein Käfig. Paul Bäumer's War

311 John W. Chambers II, Thomas F. Schneider. »›Im Westen nichts Neues‹ und das Bild des ›modernen‹ Krieges«. *Text + Kritik* (2001), 149: *Erich Maria Remarque*, 8–18.

312 Alessandra Ginesi. »*Im Westen nichts Neues« di Erich Maria Remarque: Il romanzo di una »generazione perduta«*. Macerata: Università' degli Studi, Facoltà di Lettere e Filosofia [Diss.], 2001, [masch.] 162 pp.

313 Christian Kohnert. *Remarque, Erich Maria – Im Westen nichts Neues*. München: GRIN [Facharbeit, Internetveröffentlichung], 2001, 15 pp.

314 Thomas Matz. *Remarque, Erich Maria – Im Westen nichts Neues*. München: GRIN [Schulaufsatz, Internetveröffentlichung], 2001, 8 pp.

315 Anton Stephan Reyntjes. »Literarisches Stichwort Gott im Spannungsfeld von Literatur und Theologie. XIX: Erich Maria Remarques ›Im Westen nichts Neues‹«. *Religion heute* (2001), 47, 192–194.

316 Ernest Wichner, Herbert Wiesner. *1929 – Ein Jahr im Fokus der Zeit*. Berlin: Literaturhaus Berlin, 2001, 153–175.

317 Astrid Erll. *Gedächtnisromane. Literatur über den Ersten Weltkrieg als Medium englischer und deutscher Erinnerungskulturen in den 1920er Jahren*. Trier: WVT, 2003 (ELCH/ELK 10), 254–277.

318 Stefanie Grippekoven. *Remarque, Erich Maria – Im Westen nichts Neues*. München: GRIN [Schulaufsatz, Internetveröffentlichung], 2003, 10 pp.

319 Runa Mielke. *Die Kriegsdarstellung in Remarques »Im Westen nichts Neues«*. Berlin: Universität [Examensarbeit], 2003, [masch.] 98 pp.

320 Thomas F. Schneider. »›Krieg ist Krieg schließlich‹. Erich Maria Remarque: *Im Westen nichts Neues*«. Thomas F. Schneider, Hans Wagener (ed.). *Von Richthofen bis Remarque. Deutschsprachige Prosa zum I. Weltkrieg*. Amsterdam, New York: Rodopi, 2003 (Amsterdamer Beiträge zur neueren Germanistik 53), 217–232.

321 Mary Warner. »The War against the Feminine: Erich Maria Remarque's *All Quiet on the Western Front* (1929)«. Jerilyn Fisher, Ellen S. Silber (eds.). *Women in Literature: Reading through the Lens of Gender*. Westport/CT: Greenwood, 2003, 4–7.

322 Oleh Bey. *Die vom Krieg zerstörte Generation im Roman von Erich Maria Remarques »Im Westen nichts Neues«*. München: GRIN [Seminararbeit, Internetveröffentlichung], 2004, 19 pp.

323 Mahvash Dannhäuser. *Wie man einen Bestseller der Kriegsliteratur schreibt: »Im Westen nichts Neues« von Erich Maria Remarque*. München: GRIN [Hauptseminararbeit, Internetveröffentlichung], 2004, 24 pp.

324 Florian Holler. *Remarque, Erich Maria – Im Westen nichts Neues*. München: GRIN [Schulaufsatz, Internetveröffentlichung], 2004, 10 pp.

325 Daniel Lachmann. *Kriegserfahrung in der Literatur. Erich Maria Remarques: »Im Westen nichts Neues«*. München: GRIN [Hausarbeit, Internetveröffentlichung], 2004, 27 pp.

326 Thomas F. Schneider. *Erich Maria Remarques Roman »Im Westen nichts Neues«. Text, Edition, Entstehung, Distribution und Rezeption (1928–1930)*. Tübingen: Max Niemeyer, 2004 (Exempla Critica 1), 440 pp. + 900 pp. on attached CD-ROM.

327 Michael Schön. *Patriotismus – Einstellungen und Handeln und die Folgen, dargestellt anhand des Literaturwerks: »Im Westen nichts Neues« von Erich Maria Remarque*. München: GRIN [Hausarbeit, Internetveröffentlichung], 2004, 17 pp.

328 Matthias Schöning. »Individuelle Erfahrung und soziale Adressierung. Bezugsprobleme des Kriegsromans der Weimarar Republik«. Ulrich Bröckling, Benjamin Bühler, Marcus Hahn, Matthias Schöning, Manfred Wemberg (eds.). *Disziplinen des Lebens. Zwischen Anthropologie, Literatur und Politik*. Tübingen: Gunter Narr, 2004, 111–127.

329 Joseph A. Tighe. »All Quiet on the Western Front: A phenomenological investigation of war«. *Critical Survey* 16 (2004), 3, 48–61.

330 Rikke Christoffersen. »Three Comrades – One Perspective. Contextualizing Remarque's *Drei Kameraden* with the Two Early War Novels«. *Erich Maria Remarque Jahrbuch/Yearbook* 15 (2005), 36–62.

331 Nathalie Kónya-Jobs. *Erich Maria Remarques Roman »Im Westen nichts Neues«*. München: GRIN [Referat, Internetveröffentlichung], 2005, 13 pp.

332 Evelyn de Roodt. *Onsterfelijke fronten. Duitse schrijvers in de loopgraven van de Eerste Wereldoorlog*. Soesterberg: Aspekt, 2005, 255–314.

333 Thomas F. Schneider. »Erich Maria Remarque's *Im Westen nichts Neues*«.

Schloss Tirol/Castel Tirolo (ed.). *Die düstern Adler/Aquile Funeste. Der Erste Weltkrieg in Kunst, Literatur und Alltag. Wahn und Wirklichkeit/ Arte, letteratura e vita quotidiana nella Grande Guerra.* Tra delirio e dolore. Bozen: Athesia, 2005, 129–132.

334 Thomas C. Ware. »Remarque's All Quiet on the Western Front«. *Explicator* 63 (2005), 2, 99–100.

335 Brian Murdoch. *The Novels of Erich Maria Remarque. Sparks of Life.* Rochester/NY, Woodbridge: Camden House, 2006, 31–66.

336 a Germain Nyada. »Ein gescheitertes Abenteuer oder ein abenteuerliches Scheitern. Zur Kriegsdarstellung und -deutung in Erich Maria Remarques *Im Westen nichts Neues*«. *Erich Maria Remarque Jahrbuch/ Yearbook* 16 (2006), 25–33.

b Germain Nyada. »Ein gescheitertes Abenteuer oder ein abenteuerliches Scheitern. Zur Kriegsdarstellung und -deutung in Erich Maria Remarques Roman *Im Westen nichts Neues*«. Claudia Glunz, Artur Pełka, Thomas F. Schneider (eds.). *Information Warfare. Die Rolle der Medien (Literatur, Kunst, Photographie, Film, Fernsehen, Theater, Presse, Korrespondenz) bei der Kriegsdarstellung und -deutung.* Göttingen: V&R unipress, 2007 (Schriften des Erich Maria Remarque-Archivs 22), 183–189.

337 Rebekka Grupe. *Der Wandel von Männlichkeit im Ersten Weltkrieg. Am Beispiel von Remarques »Im Westen nichts Neues«.* München: GRIN [Hausarbeit], 2007, 19 pp.

338 Bastian Hefendehl. *Literatur und Krieg – Erich Maria Remarques »Im Westen nichts Neues«. Gegenüberstellung von Roman und Film im Hinblick auf Gewaltdarstellungen und deren Wirkung.* München: GRIN [Examensarbeit, Internetveröffentlichung], 2007, 110 pp.

339 Jane Robinett. »The Narrative Shape of Traumatic Experience«. *Literature and Medicine* 26 (2007), 2, 290–311.

340 Thomas F. Schneider. »Erich Maria Remarque im Comic«. *Erich Maria Remarque Jahrbuch/Yearbook* 17 (2007), 51–55.

341 Robert J. Delahunty, John C. Yoo. »Confronting War – Classic Revisited: Remarque: *All Quiet on the Western Front*«. *Michigan Law Review* 106 (2008), 6, 923–940.

342 Jean Dirkse. *Die Erfahrung des Kriegs als Motiv in Erich Maria Remarques Werk. Dargestellt an der Thematik der »verlorenen Generation«.* Heidelberg: Universität [Magisterarbeit], 2008, [masch.] 106 pp.

343 Giulia A. Disanto. »Giovani soldato a confronto con i maestri: sul capo-

lavoro di Erich Maria Remarque«. Fulvio Senardi (ed.). *Scrittori in trineca. La letteratura e la Grande Guerra*. Rom: Carocci editore, 2008, 78–85.

344 Richard Middleton-Kaplan. »Facing the Face of the Enemy. Levinasian Moments in *All Quiet on the Western Front* and the Literature of War«. *Modern Fiction Studies* 54 (2008), 1, 72–90.

345 Thomas F. Schneider. »Das Kriegsbild des ›einfachen‹ Soldaten. Erich Maria Remarques ›Im Westen nichts Neues‹ und die westliche kulturelle Tradition«. *literaturkritik* (2008), 11 (November). http://www.literaturkritik.de/public/rezension.php?rez_id=12392&ausgabe=200811.

346 Yuval Noah Harari. »Scholars, Eyewitnesses, and Flesh-Witnesses of War. A Tense Relationship«. *Partial Answers. Journal of Literature and the History of Ideas* 7 (2009), 2, 213–228.

347 Jan Süselbeck. »Reflexionslosigkeit als Erfolgsrezept. Zum soldatischen Identifikationspotential in Erich Maria Remarques Bestseller ›Im Westen nichts Neues‹ (1929)«. *Wirkendes Wort* 59 (2009), 3, 383–403.

348 Brian Murdoch (ed.). *Critical Insights: All Quiet on the Western Front*. Pasadena/CA: Salem Press, 2010.

349 Brian Murdoch. »On *All Quiet on the Western Front*«. Brian Murdoch (ed.). *Critical Insights: All Quiet on the Western Front*. Pasadena/CA: Salem Press, 2010.

350 Hilton Tims. »All Quiet on the Western Front«. Brian Murdoch (ed.). *Critical Insights: All Quiet on the Western Front*. Pasadena/CA: Salem Press, 2010.

351 Harley U. Taylor. »The Spokesman of a Generation«. Brian Murdoch (ed.). *Critical Insights: All Quiet on the Western Front*. Pasadena/CA: Salem Press, 2010.

352 Richard Arthur Firda. »Post mortem. *All Quiet on the Western Front* (1929)«. Brian Murdoch (ed.). *Critical Insights: All Quiet on the Western Front*. Pasadena/CA: Salem Press, 2010.

353 Brian Murdoch. »From the Frog's Perspective«. Brian Murdoch (ed.). *Critical Insights: All Quiet on the Western Front*. Pasadena/CA: Salem Press, 2010.

## Unterrichtsmaterialien/Education

354 John S. White. *Erich Maria Remarque's All quiet on the western front. A critical commentary.* New York: Monarch Press, 1966, 74 pp.

355 Denis Bertrand. *A l'Ouest rien de nouveau de Erich Maria Remarque.* Paris: Éditions Pédagogie Moderne, 1977 (Lectoguide 1), 95 pp.

356 Elmar Birkenbach, Wolfgang Walter. »Für die Unterrichtspraxis. Schüler lesen ›Im Westen nichts Neues‹. Eine Unterrichtseinheit für die Sekundarstufe«. *Blätter für den Deutschunterricht*, 1984, 73–89.

357 Rose Kam. *Erich Maria Remarque's All quiet on the western front.* Woodbury/NY: Barron's, 1984, VIII + 100 pp.

358 Inés Blanca. *Erich Maria Remarque. Sin novedad en el frente. Guía de lectura.* Barcelona: Edhasa, 1994 (Pocket Edhasa. Guía de lectura), 24 pp.

359 Peter Bekes. *Erich Maria Remarque. Im Westen nichts Neues.* München: Oldenbourg, 1998 (Oldenbourg Interpretationen mit Unterrichtshilfen 90), 150 pp.

360 Rainer Bendick. »Im Westen nichts Neues und die pädagogisch-didaktischen Diskussionen in Deutschland und Frankreich Ende der 20er/Anfang der 30er Jahre«. Thomas F. Schneider (ed.). *Erich Maria Remarque. Leben, Werk und weltweite Wirkung.* Osnabrück: Universitätsverlag Rasch, 1998 (Schriften des Erich Maria Remarque-Archivs 12), 151–186.

361 Peter Dörp. »Remarque im Internet. Experiment für Lehre und Forschung im Rahmen der Bundes- und Landes-Initiative ›Schulen ans Netz‹«. Thomas F. Schneider (ed.). *Erich Maria Remarque. Leben, Werk und weltweite Wirkung.* Osnabrück: Universitätsverlag Rasch, 1998 (Schriften des Erich Maria Remarque-Archivs 12), 525–554.

362 Harald Kloiber. »*Im Westen nichts Neues* – Ein Unterrichtsprojekt für die Mittelstufe«. Thomas F. Schneider (ed.). *Erich Maria Remarque. Leben, Werk und weltweite Wirkung.* Osnabrück: Universitätsverlag Rasch, 1998 (Schriften des Erich Maria Remarque-Archivs 12), 497–524.

263 a Reiner Poppe. *Erich Maria Remarque. Im Westen nichts Neues.* Hollfeld: Joachim Beyer, 1998 (Blickpunkt – Text im Unterricht 517), 52 pp.

b Reiner Poppe. *Erich Maria Remarque. »Im Westen nichts Neues«. Kommentare, Diskussionsaspekte und Anregungen für produktorientiertes Lesen.* 2., überarbeitete Auflage. Hollfeld: Beyer, 2000 (Blickpunkt 517), 55 pp.

364 *Study Guide for »All Quiet on the Western Front«.* New York, Columbus/OH, Woodland Hills/CA, Peoria/IL: McGraw-Hill, 2000, 158 pp.

365 Susan Van Kirk. *Cliffs Notes Remarque's All quiet on the Western Front.* Foster City/CA: IDG Books Worldwide/Wiley, 2001, 104 pp.

366 Michael Tutschek. *Literaturkartei zu Erich Maria Remarques »Im Westen nichts Neues«.* Wien: Universität, 2002, [masch.] ca. 150 pp.

367 Wolfhard Keiser. *Erläuterungen zu Erich Maria Remarque »Im Westen nichts Neues«.* Hollfeld: C. Bange, 2005 (Königs Erläuterungen und Materialien 433), 112 pp.

368 Ulrike Franz. *Erich Maria Remarques Im Westen nichts Neues. Unterrichtsmaterialien.* Osnabrück: Erich Maria Remarque-Friedenszentrum, 2006, 75 pp.

369 Peter Gutierrez. *The Story Behind Erich Maria Remarque's All Quiet on the Western Front.* Chicago: Heinemann Library, 2006, 58 pp.

## Vergleichende Studien/Comparative Studies

370 Eugène Peeters. *À l'ombre de Remarque. La guerre dans la littérature allemande contemporaine.* Bruxelles: L'ëglatine, 1930 (Les cahiers de l'Èglatine 4), 65 pp.

371 a William K. Pfeiler. »Remarque and Other Men of Feeling«. *War and the German Mind: The Testimony of Men of Fiction Who Fought at the Front.* New York: Columbia University Press, 1941.

b William K. Pfeiler. »Remarque and Other Men of Feeling«. Harold Bloom (ed.). *Erich Maria Remarque's All Quiet on the Western Front.* Philadelphia: Chelsea House, 2001 (Modern Critical Interpretations), 3–10.

372 Rolf Recknagel. »Der Erste Weltkrieg und die Novemberrevolution von 1918 im Werk fortschrittlicher bürgerlicher Schriftsteller«. *Die Nation* (Berlin/Ost), 11 (1958), 775–800.

373 Jan Mizinski. »Der deutsche Kriegsroman nach 1918«. *Lubelskie Materiały Neofilologiczne* 1975 (1976), 37–47.

374 Peter S. Kindsvatter. »Cowards, Comrades, and Killer Angels: The soldier in literature«. *Parameters* (1990), June, 31–49.

375 Mordecai Richler. *Broadsides*. London: Vintage, 1990, 16–25.

376 Holger M. Klein. *The Artistry of Political Literature. Essays on war, commitment and criticism*. Lewiston/NY: Edwin Mellen Press, 1994, 53–75 + 105–119 + 330–337 + 342–344.

377 Robert A. Pois. »The Great War and the Holocaust«. Adrian Del Caro, Janet Ward (eds.). *German Studies in the Post-Holocaust Age. The Politics of Memory, Identity, and Ethnicity*. Boulder/CO: University Press of Colorado, 2000, 11–19.

378 Brian O. Murdoch. »Innocent killing. Erich Maria Remarque and the Weimar anti-war novels«. Karl Leydecker (ed.). *German novelists of the Weimar Republic. Intersections of literature and politics*. Rochester/NY: Camden House, 2006, 141–168.

379 Thomas Schneider. »The Weimar Republic and the Literature of the Great War«. Brian Murdoch (ed.). *Critical Insights: All Quiet on the Western Front*. Pasadena/CA: Salem Press, 2010.

380 Ann P. Linder. »›There must be a reason…‹: The Uses of Experience«. Brian Murdoch (ed.). *Critical Insights: All Quiet on the Western Front*. Pasadena/CA: Salem Press, 2010.

*Aldington, Richard*

381 J.H. Willis Jr. »The Censored Language of War: Richard Aldington's *Death of a Hero* and Three Other War Novels of 1929«. *Twentieth Century Literature* 45 (1999), 467–487.

382 Astrid Erll. *Gedächtnisromane. Literatur über den Ersten Weltkrieg als Medium englischer und deutscher Erinnerungskulturen in den 1920er Jahren*. Trier: WVT, 2003 (ELCH/ ELK 10), 254–277.

*Barbusse, Henri*

383 Luc Rasson. »Pacifisme in brieven. Barbusse, Remarque«. Paul Pelckmans (ed.). *Literatuur in brieven*. Antwerpen: Vlaamse Vereniging voor Algemene en Vergelijkende Literatuurwetenschap, 1994 (ALW-C 14), 101–113.

384 Alexander Scheubner. *Der Krieg der Antikriegsliteratur am Beispiel Erich Maria Remarques und Henri Barbusses*. Dresden: TU [Magisterarbeit], 2003, [masch.] 106 pp.

*Binding, Rudolf G.*

385 a Kim Allen Scott. »Iron Men and Paper Warriors. Remarque, Binding and Weimar Literature«. *Erich Maria Remarque Jahrbuch/Yearbook* 6 (1996), 39–47.

b Kim Allen Scott. »Iron Men and Paper Warriors. Remarque, Binding and Weimar Literature«. Brian Murdoch (ed). *Critical Insights: All Quiet on the Western Front*. Pasadena/CA: Salem Press, 2010.

*Céline, Louis-Ferdinand*

386 Holger Klein. »Grundhaltung und Feindbilder bei Remarque, Céline und Hemingway«. *Krieg und Literatur/War and Literature* 1 (1989), 1, 7–22.

*Dorgelès, Roland*

387 Myriam Canolle-Cournarie, Stéphanie de Nanteuil-d'Espiés. *Erich Maria Remarque: A l'ouest rien de nouveau. Roland Dorgelès: Les croix de bois.* Paris: Hatier, 2007 (Classiques Hatier. Œuvres & thèmes 1), 159 pp.

*Flex, Walter*

388 Marcus Henkel. »Walter Flex und Erich Maria Remarque – Ein Vergleich. Kriegsbild und Kriegsverarbeitung in Walter Flex' ›Wanderer zwischen beiden Welten‹ (1916) und Erich Maria Remarques ›Im Westen nichts Neues‹ (1929)«. *Heinrich Mann-Jahrbuch* 19 (2001), 177–213.

*Ford, Ford Madox*

389 Vita Fortunati. »The Impact of the First World War on Private Lives: A Comparison of European and American Writers (Ford, Hemingway, and Remarque)«. Joseph Weisenfarth (ed.). *History and Representation in Ford Madox Ford's Writings*. Amsterdam: Rodopi, 2004, 53–64.

*Frank, Leonhard*

390 a Pavel Petr. »Poznámky k némeckeé próze o prvni svétové válce (L. Frank, L. Renn, E.M. Remarque)«. *Philologica Pragensia* 42 (1960), 217–226.

b Pavel Petr. »Bemerkungen zu einigen deutschen Prosawerken über den Ersten Weltkrieg (L. Frank, L. Renn, E.M. Remarque)«. *Germanica Wratislavensia* 36 (1962), 19–34.

*Graves, Robert*

391 Max Saunders. »Friendship and Enmity in First World War Literature (Owen, Graves, Remarque)«. *Literature and History* 17 (2008), 1, 62–76.

*Heinrich, Willi*

392 Laura Lupi. *Le guerre mondiali analizzate attraverso due romanzi di guerra: »Im Westen nichts Neues« di Eric Maria Remarque e »Das geduldige Fleisch« di Willi Heinrich.* Genova: Universita' degli studi, Facoltà di Lingue e Letterature straniere

moderne [Diss.], 2001, [masch.] 241 + LXXXVII + (19) pp.

*Hemingway, Ernest*

393 a Helmut Liedloff. »Two War Novels: A Critical Comparison«. *Revue de Littérature Comparée* 42 (1968), 390–406.

b Helmut Liedloff. »Two War Novels: A Critical Comparison«. Harold Bloom (ed.). *Erich Maria Remarque's All Quiet on the Western Front*. Philadelphia: Chelsea House, 2001 (Modern Critical Interpretations), 23–38.

393 Holger M. Klein. »Grundhaltung und Feindbilder bei Remarque, Céline und Hemingway«. *Krieg und Literatur/War and Literature* 1 (1989), 1, 7–22.

394 Ulrike Fischer. *The Nomadic Spirit in the Works of Erich Maria Remarque and Ernest Hemingway*. Aberdeen: University of Aberdeen [Diss.], 2002, 50 pp.

395 Vita Fortunati. »The Impact of the First World War on Private Lives: A Comparison of European and American Writers (Ford, Hemingway, and Remarque)«. Joseph Weisenfarth (ed.). *History and Representation in Ford Madox Ford's Writings*. Amsterdam: Rodopi, 2004, 53–64.

396 Matthew J. Bolton. »*All Quiet on the Western Front* and Hemingway's *A Farewell to Arms*«. Brian Murdoch (ed.). *Critical Insights: All Quiet on the Western Front*. Pasadena/CA: Salem Press, 2010.

*Hesse, Hermann*

397 Boris Burgstaller. *Vorbildrollen in Hesse, Hermann – Demian und Erich Maria Remarque – Im Westen nichts Neues*. München: GRIN [Hausarbeit, Internetveröffentlichung], 1999, 9 pp.

398 Benjamin Beyeler. *Hesse, Hermann – Siddharta – Tod und Erleuchtung – Vergleich mit »Im Westen nichts Neues«*. München: GRIN [Schulaufsatz, Internetveröffentlichung], 2002, 12 pp.

*Johannsen, Ernst*

399 Brian Murdoch. »Habent sua fata libelli: Ernst Johannsen's *Vier von der Infanterie* and Remarque's *Im Westen nichts Neues*«. *Erich Maria Remarque Jahrbuch/Yearbook* 5 (1995), 19–38.

400 Melanie Fohrmann. »*Aus dem Lautsprecher brüllte der Krieg*«. *Ernst Johannsens Hörspiel Brigadevermittlung*. Bielefeld: Aisthesis, 2005, 207–220.

*Jünger, Ernst*

401 Hans-Joachim Bernhard. *Der Weltkrieg 1914–1918 im Werk Ernst*

*Jüngers, Erich Maria Remarques und Arnold Zweigs*. Rostock: Universität [Diss.], 1958, [masch.] 314 pp.

402 a Wilhelm J. Schwarz. »The Works of Ernst Jünger and Erich Maria Remarque on World War I«. Wilhelm J. Schwarz. *War and the Mind of Germany*. New York et al.: Lang, 1975.

b Wilhelm J. Schwarz. »The Works of Ernst Jünger and Erich Maria Remarque on World War I«. Harold Bloom (ed.). *Erich Maria Remarque's All Quiet on the Western Front*. Philadelphia: Chelsea House, 2001 (Modern Critical Interpretations), 39–57.

403 Erhard Schütz, Jochen Vogt (eds.). *Einführung in die deutsche Literatur des 20. Jahrhunderts*. Band 2: *Weimarer Republik, Faschismus und Exil*. Opladen: Westdeutscher Verlag, 1977, 56–68.

404 Josef Wennemer. »Die Gestalt des Kriegers oder ›Die verlorene Generation‹. Zu den Menschenbildern in der Prosa über den Ersten Weltkrieg bei Ernst Jünger und Erich Maria Remarque«. Tilman Westphalen (ed.). *Erich Maria Remarque 1898 - 1970*. Bramsche: Rasch, 1988, 44–52.

405 Artur Wozniak. *Deutsche Literatur der Weimarer Republik und ihre Darstellung des Ersten Weltkriegs am Beispiel der ausgewählten kriegskritischen und kriegsbejahenden Autoren Jünger Ernst, Köppen Edlef, Remarque Erich Maria, Schauwecker Franz*. Wien: Universität [Diplomarbeit], 1996, [masch.] 125 pp.

406 Roman Schafnitzel. *Formen der Kriegsdarstellung bei Ernst Jünger »In Stahlgewittern«, Edlef Köppen »Heeresbericht« und Erich Maria Remarque »Im Westen nichts Neues«*. Saarbrücken: Universität des Saarlandes [Examensarbeit], 1998, [masch.] 119 pp.

407 a Heinz Ludwig Arnold. »Die Frage nach dem Sinn des Krieges. Erich Maria Remarque und Ernst Jünger«. *Schweizer Monatshefte* 78/79 (1998/99), 12/1, 39–44.

b Heinz Ludwig Arnold. »Erich Maria Remarque und Ernst Jünger. Zwei deutsche Wege durch das 20. Jahrhundert«. *Erich Maria Remarque Jahrbuch/Yearbook* 9 (1999), 5–17.

c Heinz Ludwig Arnold. »Zerstört oder gestählt. Über eine Differenz zwischen Erich Maria Remarque und Ernst Jünger«. Heinz Ludwig Arnold. *Von Unvollendeten. Literarische Portraits*. Göttingen: Wallstein, 2005, 52–65.

408 Wojciech Kunicki. »Erich Maria Remarque und Ernst Jünger. Ein

unüberbrückbarer Gegensatz?«. Thomas F. Schneider (ed.). *Kriegserlebnis und Legendenbildung. Das Bild des »modernen« Krieges in Literatur, Theater, Photographie und Film*. Osnabrück: Universitätsverlag Rasch, 1999, 291–308.

409 Sabine A. Haring. »Ernst Jünger, Erich Maria Remarque und der Erste Weltkrieg. Eine literatursoziologische Betrachtung«. Helmut Konrad (ed.). *Krieg, Medizin und Politik. Der Erste Weltkrieg und die österreichische Moderne*. Wien: Passagen, 2000 (Studien zur Moderne 10), 351–371.

410 Helene Bonnlander. *Das Nacherleben des Krieges in der deutschen Literatur der zwanziger Jahre dargestellt an Werken von Ernst Jünger und Erich Maria Remarque*. Innsbruck: Universität [Diplomarbeit], 2001, [masch.] 94 pp.

411 Martin Gerth. *Remarque, Erich Maria – Im Westen nichts Neues / Jünger, Ernst – In Stahlgewittern*. München: GRIN [Schulaufsatz, Internetveröffentlichung], 2001, 13 pp.

412 Michaela Drenovakovic. *Die Sprache des Fronterlebnisses. Untersuchungen zu Remarque und Jünger*. Kiel: Universität [Magisterarbeit], 2002, [masch.] 78 pp.

413 Erhard Schütz. »Romantik der Sachlichkeit. Die Marke Remarque, Ernst Jüngers Lehren und die rechten Konsequenzen daraus«. Edward Bialek, Manfred Durzak, Marek Zybura (eds.). *Literatur im Zeugenstand. Beiträge zur deutschsprachigen Literatur- und Kulturgeschichte. Festschrift zum 65. Geburtstag von Hubert Orłowski*. Frankfurt/Main et al.: Peter Lang, 2002 (Oppelner Beiträge zur Germanistik 5), 283– 302.

414 Stephan Kumpitsch. *In Stahlgewittern – Westfront 1914–1918*. München: GRIN [Facharbeit, Internetveröffentlichung], 2003, 36 pp.

415 José António Conceição Santos Campos. *Metafóricos e áreas temáticas. Texto policopiado: a metaforização da guerra nas obras In Stahlgewittern de Ernst Jünger e Im Westen nichts Neues de Erich Maria Remarque*. Lissabon: Univ. Nova de Lisboa (Tese mestr. Estudos Alemães, Literatura Alemã), 2003, 166 pp.

416 Stefan Lochner. *Erinnerung an den Ersten Weltkrieg in der Literatur der Weimarer Republik am Beispiel von Ernst Jüngers »In Stahlgewittern« (1920) und Erich Maria Remarques »Im Westen nichts Neues« (1929)*. München: GRIN [Hausarbeit, Internetveröffentlichung], 2004, 23 pp.

417 Marcus Kohout. *Die literarische Aufarbeitung des Ersten Weltkriegs in Ernst Jüngers »In Stahlgewittern« und in Erich Maria Remarques*

*»Im Westen nichts Neues«.* Bonn: Universität [Magisterarbeit], 2005, [masch.] 83 pp.

418 Regine Kroh. »Militaristic and Pacifistic Narratives in the Weimar Republic. Jünger's and Remarque's struggle with the World War I experience«. Will Wright, Steven Kaplan (eds.). *The Image of Violence in Literature, Media, and Society.* Vol. 2. Pueblo/CO: Society for the Interdisciplinary Study of Social Imagery, Colorado State University-Pueblo, 2007, 261–263.

419 Klaus Wieland. »Die Krise der Männlichkeit in deutschsprachigen Kriegsromanen der Weimarer Republik«. Jean-Marie Valentin, Brigitte Scherbacher-Posé, Béatrice Dumiche et al. (eds.). *Germanistik im Konflikt der Kulturen. Akten des XI. Internationalen Germanistenkongresses Paris 2005.* Vol. 10: *Geschlechterdifferenzen als Kulturkonflikte. Regiekunst und Development-Theatre. Streiten im Lichte der linguistischen und literaturwissenschaftlichen Dialogforschung. Deutsche Sprache und Literatur nach der Wende.* Bern: Peter Lang, 2007 (Jahrbuch für Internationale Germanistik: Reihe A: Kongressberichte 86), 49–56.

*Köppen, Edlef*

420 Artur Wozniak. *Deutsche Literatur der Weimarer Republik und ihre Darstellung des Ersten Weltkriegs am Beispiel der ausgewählten kriegskritischen und kriegsbejahenden Autoren Jünger Ernst, Köppen Edlef, Remarque Erich Maria, Schauwecker Franz.* Wien: Universität [Diplomarbeit], 1996, [masch.] 125 pp.

421 Roman Schafnitzel. *Formen der Kriegsdarstellung bei Ernst Jünger »In Stahlgewittern«, Edlef Köppen »Heeresbericht« und Erich Maria Remarque »Im Westen nichts Neues«.* Saarbrücken: Universität des Saarlandes [Examensarbeit], 1998, [masch.] 119 pp..

*Levi, Primo*

422 Chris Daley. »The ›Atrocious Privilege‹. Bearing Witness to War and Atrocity in O'Brien, Levi, and Remarque«. Alex Vernon (ed.). *Arms and the Self. War, the Military, and Autobiographical Writing.* Kent/OH; Kent State University Press, 2005, 182–201.

*Lévinas, Emmanuel*

423 Gerd Neuhaus. »Ein verrückter Anfall oder eine Begegnung mit der Spur des Göttlichen? Ein Versuch der Annäherung an das Denken von Emmanuel Lévinas«. *Religionsunterricht an höheren Schulen* 42 (2000), 5, 292–298.

*Lewis, Alun*

424 Kathleen Devine. »The Way Back. Alun Lewis and Remarque«. *Anglia* 103 (1985), 3/4, 320–335.

*Lorca, Federico Garcia*

425 Lloyd Halliburton. »›All Quiet on the Western Front‹. Remarque's contribution to Lorca's ›Poeta en Nueva York‹«. *Neohelicon* 27 (2000), 2, 123–131.

*Manning, Frederic*

426 Holger M. Klein. »Dazwischen Niemandsland: *Im Westen nichts Neues* und *Her Privates We*«. Ortwin Kuhn (ed.). *Großbritannien und Deutschland. Festschrift für John W. Bourke*. München: Goldmann, 1974, 487–512.

*O'Brien, Tim*

427 Chris Daley. »The ›Atrocious Privilege‹. Bearing Witness to War and Atrocity in O'Brien, Levi, and Remarque«. Alex Vernon (ed.). *Arms and the Self. War, the Military, and Autobiographical Writing*. Kent/OH; Kent State University Press, 2005, 182–201.

*Owen, Wilfred*

428 Barry M. Coldrey. *War Literature: One Man's War, Highways to War, Empire of the Sun, All Quiet on the Western Front, Wilfred Owen: poems. Notes and resources*. Thornbury/Vic.: Tamanaraik Press, 2004.

429 Max Saunders. »Friendship and Enmity in First World War Literature (Owen, Graves, Remarque)«. *Literature and History* 17 (2008), 1, 62–76.

*Plievier, Theodor*

430 Ute Bruchmann. »Remarque und Plievier«. *Die Umschau* 3 (1948), 435–440.

431 Denis Bousch. »La fin du mythe heroïque et la recherche du sens perdu. Le traumatisme du front chez Erich Maria Remarque, Theodor Plievier et Arnold Zweig«. Denis Bousch (ed.). *Les écrivains du front. La littérature allemande après 1918 et l'engagement pacifiste*. Paris: Avinus, 1999, 68–94.

*Price, Evadne*

432 Brian Murdoch. »Hinter die Kulissen des Krieges sehen: Adrienne Thomas, Evadne Price – and E.M. Remarque«. *Forum for Modern Language Studies* 28 (1992), 56–74.

*Renn, Ludwig*

433 Heinz Bär. »Kriegsbücher – so oder so. Einige Gedanken über Remarque

und Renn«. *Heute und Morgen* (1950), 230–236.

434 a Pavel Petr. »Poznámky k némeckeé próze o prvni svétové válce (L. Frank, L. Renn, E.M. Remarque)«. *Philologica Pragensia* 42 (1960), 217–226.

b Pavel Petr. »Bemerkungen zu einigen deutschen Prosawerken über den Ersten Weltkrieg (L. Frank, L. Renn, E.M. Remarque)«. *Germanica Wratislavensia* 36 (1962), 19–34.

435 Erhard Schütz, Jochen Vogt (eds.). *Einführung in die deutsche Literatur des 20. Jahrhunderts*. Band 2: *Weimarer Republik, Faschismus und Exil*. Opladen: Westdeutscher Verlag, 1977, 56–68.

*Schauwecker, Franz*

436 Artur Wozniak. *Deutsche Literatur der Weimarer Republik und ihre Darstellung des Ersten Weltkriegs am Beispiel der ausgewählten kriegskritischen und kriegsbejahenden Autoren Jünger Ernst, Köppen Edlef, Remarque Erich Maria, Schauwecker Franz*. Wien: Universität [Diplomarbeit], 1996, [masch.] 125 pp.

*Sender, Ramón*

437 Charles Olstad. »Sender's Imán and Remarque's All quiet on the Western Front«. *Revista de estudios hispánicos* 11 (1977), 1, 133–140.

*Thomas, Adrienne*

438 Brian Murdoch. »Hinter die Kulissen des Krieges sehen: Adrienne Thomas, Evadne Price – and E.M. Remarque«. *Forum for Modern Language Studies* 28 (1992), 56–74.

*Vring, Georg von der*

439 Stefanie Stockhorst. »Artikulationsmöglichkeiten von Kriegsgegnerschaft im pazifistischen Roman der Weimarer Republik. Zum Problem der heimlichen Affirmation bei Georg von der Vring und Erich Maria Remarque«. *Jahrbuch zur Kultur und Literatur der Weimarer Republik* 13 (2008), 177–202.

*Zweig, Arnold*

440 Hans-Joachim Bernhard. *Der Weltkrieg 1914–1918 im Werk Ernst Jüngers, Erich Maria Remarques und Arnold Zweigs*. Rostock: Universität [Diss.], 1958 [masch.] 354 pp.

441 Denis Bousch. »La fin du mythe héroïque et la recherche du sens perdu. Le traumatisme du front chez Erich Maria Remarque, Theodor Plievier et Arnold Zweig«. Denis Bousch (ed.). *Les écrivains du front. La littérature allemande après 1918 et l'engagement pacifiste*. Paris: Avinus, 1999, 68–94.

## Struktur, Stil, Sprache/Structure, Style, Language

442 Howard Michael De Leeuw. *The Function of Simile in Remarque's »Im Westen nichts Neues«*. Tucson/AZ: University of Arizona, Department of German [Magisterarbeit], 1989, [masch.] 62 pp.

443 Howard M. De Leeuw. »Remarque's Use of Simile in *Im Westen nichts Neues*«. *Erich Maria Remarque Jahrbuch/Yearbook* 4 (1994), 45–64.

444 Harald Kloiber. »Struktur, Stil und Motivik in *Im Westen nichts Neues*«. *Erich Maria Remarque Jahrbuch/Yearbook* 4 (1994), 65–78.

445 Witold Stefanski. »A quoi servent les gestes, à quoi servent les mots? Analyse d'actes de communications *A l'Ouest rien de nouveau* d'Erich Maria Remarque«. *Studia Romanica Linguistica Thoruniensia* 1 (1995), 99–112.

446 Hans Wagener. »Zwischen Realismus und Rhetorik. Zu Erich Maria Remarques *Im Westen nichts Neues*«. *Krieg und Literatur/War and Literature Jahrbuch/Yearbook* VI (2000), 69–87.

447 Maria Brandi, Nicole Lehmann. »›Unsere durchsiebten, durchlöcherten Seelen‹. Krieg und Kampf in sprachlichen Bildern bei Erich Maria Remarque, ›Im Westen nichts Neues‹«. Horst D. Schlosser (ed.). *Das Deutsche Reich ist eine Republik. Beiträge zur Kommunikation und Sprache der Weimarer Zeit*. Frankfurt/Main, Berlin u.a.: Peter Lang, 2003, 29–37.

448 Peter Hutchinson. »Partial Accusation? Stylistic and Structural Methods in *All Quiet on the Western Front*«. Brian Murdoch (ed.). *Critical Insights: All Quiet on the Western Front*. Pasadena/CA: Salem Press, 2010.

## Entstehung und Publikation/Genesis and Publication

449 Johannes Brautzsch. *Untersuchungen über die Publikumswirksamkeit der Romane »Im Westen nichts Neues« und »Der Weg zurück« von Erich Maria Remarque vor 1933*. Potsdam: Universität [Diss.], 1969 [masch.].

450 Hubert Rüter. *Erich Maria Remarque. Im Westen nichts Neues – Ein Bestseller der Kriegsliteratur im Kontext*. Paderborn, München, Wien, Zürich: Schöningh, 1980 (Modellanalysen: Literatur 75044), 13–64.

451 Angelika Howind. »Ein Antikriegsroman als Bestseller. Die Vermarktung von *Im Westen nichts Neues* 1928 bis 1930«. Tilman Westpha-

len (ed.). *Erich Maria Remarque 1898 – 1970*. Bramsche: Rasch, 1988, 55–64.

452 Thomas Schneider. »›Es ist ein Buch ohne Tendenz‹ – *Im Westen nichts Neues*: Autor- und Textsystem im Rahmen eines Konstitutions- und Wirkungsmodells für Literatur«. *Krieg und Literatur/War and Literature* 1 (1989), 1, 23–39.

453 Thomas F. Schneider. »Prolegomena zur Darstellung der ›Entstehung‹ und ›Rezeption‹ von Erich Maria Remarques *Im Westen nichts Neues*«. *Krieg und Literatur/War and Literature* 4 (1992), 8, 85–100.

454 Erich Maria Remarque. *Im Westen nichts Neues. Das Manuskript. Katalog zur Ausstellung aus Anlaß des Erwerbs des Originalmanuskriptes zu »Im Westen nichts Neues«*. Redaktion Thomas F. Schneider. Bramsche: Rasch, 1996, 25 pp.

455 Thomas F. Schneider. »Das Genre bestimmt die Quelle. Anmerkungen zum Einfluß der Publikation und Rezeption auf die Entstehung und Quellenlage von Erich Maria Remarques *Im Westen nichts Neues* (1928/29)«. Anton Schwob, Erwin Streitfeld (eds.). *Quelle – Text – Edition. Ergebnisse der österreichisch-deutschen Fachtagung der Arbeitsgemeinschaft für germanistische Edition in Graz vom 28. Februar bis 3. März 1996*. Tübingen: Niemeyer, 1997 (Beihefte zu editio 9), 361–368.

456 Imke Harjes. »›Im Westen nichts Neues‹. Bestseller und politischer Skandal«. Petra Bohnsack, Hans-Friedrich Foltin (eds.). *Lesekultur. Populäre Lesestoffe von Gutenberg bis zum Internet*. Marburg: Universitätsbibliothek, 1999 (Schriften der Universitätsbibliothek Marburg 93), 176–188.

457 Thomas F. Schneider. *Erich Maria Remarques Roman »Im Westen nichts Neues«. Text, Edition, Entstehung, Distribution und Rezeption (1928–1930)*. Tübingen: Max Niemeyer, 2004 (Exempla Critica 1), 219–284.

458 Thomas F. Schneider. »Eine Quelle für *Im Westen nichts Neues*«. *Erich Maria Remarque-Jahrbuch/Yearbook* 18 (2008), 109–120.

## Rezeption/Reception

459 Johannes Brautzsch. *Untersuchungen über die Publikumswirksamkeit der Romane »Im Westen nichts Neues« und »Der Weg zurück« von Erich Maria Remarque vor 1933*. Potsdam: Universität [Diss.], 1969 [masch.].

460 Manfred Kuxdorf. »Mynona versus Remarque, Tucholsky, Mann and

others. Not so quiet on the literary front«. *The First World War in German Narrative Prose*. Toronto: University of Toronto Press, 1980, 71–92.

461 Hubert Rüter. *Erich Maria Remarque. Im Westen nichts Neues – Ein Bestseller der Kriegsliteratur im Kontext*. Paderborn, München, Wien, Zürich: Schöningh, 1980 (Modellanalysen: Literatur 75044), 150–173.

462 Richard Albrecht. »Persönliche Freundschaft und politisches Engagement [Remarque und Zuckmayer]«. *Blätter der Carl-Zuckmayer-Gesellschaft* 10 (1984), 2, 75–86.

463 Reinhard Dithmar. »Wirkung wider Willen? Remarques Erfolgsroman *Im Westen nichts Neues* und die zeitgenössische Rezeption«. *Blätter für den Deutschlehrer*, 1984, 34–47.

464 a Jost Hermand. »Versuch, den Erfolg von Erich Maria Remarques ›Im Westen nichts Neues‹ (1929) zu verstehen«. Dieter Borchmeyer et al. (eds.). *Weimar am Pazifik. Literarische Wege zwischen den Kontinenten. Festschrift für Werner Vordtriede zum 70. Geburtstag*. Tübingen: Niemeyer, 1985, 71–78.

b Jost Hermand. »Versuch, den Erfolg von Erich Maria Remarques ›Im Westen nichts Neues‹ (1929) zu verstehen«. Jost Hermand. *Angewandte Literatur. Politische Strategien in den Massenmedien*. Berlin: Sigma, 1996 (Sigma Medienwissenschaft 22), 13–20.

465 a Erhard Schütz. »Was ein Remark in einem labilen Staat anrichten kann. Die rechte Wut gegen ›Im Westen nichts Neues‹«. *Diskussion Deutsch* 17 (1986), 89, 300–310.

b Erhard Schütz. »Was ein Remark in einem labilen Staat anrichten kann. Die rechte Wut gegen ›Im Westen nichts Neues‹«. *Mitteilungen der Erich Maria Remarque Gesellschaft Osnabrück e.V.* 1 (März 1987), 12–22.

466 Richard Albrecht. »Erich Maria Remarques *Im Westen nichts Neues* – Kleine Hinweise auf große Wirkung 1930 bis 1932 oder Noch einmal über Aspekte des Abwehrkampfes gegen den Nationalsozialismus und die Rolle einiger Intellektueller«. *Krieg und Literatur/War and Literature* 1 (1989), 2, 65–78.

467 a Modris Eksteins. »Erinnerung [Zu *Im Westen nichts Neues*]«. Modris Eksteins. *Tanz über Gräben. Die Geburt der Moderne und der Erste Weltkrieg*. Aus dem Englischen von Bernhard Schmid. Reinbek: Rowohlt, 1990, 410–443.

b Modris Eksteins. »Memory«. Brian Murdoch (ed.). *Critical Insights:*

*All Quiet on the Western Front.* Pasadena/CA: Salem Press, 2010.

468 Jochen Meyer. »Erfolg ohne Tendenz. Tucholsky im Streit um Remarque«. Jochen Meyer. »*Entlaufene Bürger«. Kurt Tucholsky und die Seinen. Eine Ausstellung des Deutschen Literaturarchivs im Schiller-Nationalmuseum Marbach am Neckar.* Marbach am Neckar: Deutsche Schillergesellschaft, 1990 (Marbacher Kataloge 45), 582–603.

469 Peter Dörp. »Goebbels' Kampf gegen Remarque. Eine Untersuchung über die Hintergründe des Hasses und der Agitation Goebbels' gegen den Roman *Im Westen nichts Neues* von Erich Maria Remarque (I)«. *Erich Maria Remarque Jahrbuch/Yearbook* 1 (1991), 48–64.

470 Thomas F. Schneider. »Prolegomena zur Darstellung der ›Entstehung‹ und ›Rezeption‹ von Erich Maria Remarques *Im Westen nichts Neues*«. *Krieg und Literatur/War and Literature* 4 (1992), 8, 85–100.

471 Bärbel Schrader (ed.). *Der Fall Remarque. »Im Westen nichts Neues« – Eine Dokumentation.* Leipzig: Reclam, 1992 (Reclam-Bibliothek 1433), 410 pp.

472 Thomas F. Schneider. »Die Meute hinter Remarque. Zur Rezeption von *Im Westen nichts Neues* 1928 – 1930«. *Jahrbuch zur Literatur der Weimarer Republik* 1 (1995), 143–170.

473 Angelo Cicconi. *»Im Westen nichts Neues« di Erich Maria Remarque e la critica nazionalsocialista.* Universitá' degli studi di Macerata, Facolta' di lettere e filosofia [Dissertation], 1996, [masch.] 122 pp.

474 Birgit Nilles. *E. M. Remarques »Im Westen nichts Neues«. Werk und Wirkung.* Köln: Universität Köln, Institut für Deutsche Sprache und Literatur [Examensarbeit], 1996, [masch.] 86 pp.

475 Thomas F. Schneider. »Das Genre bestimmt die Quelle. Anmerkungen zum Einfluß der Publikation und Rezeption auf die Entstehung und Quellenlage von Erich Maria Remarques Im Westen nichts Neues (1928/29)«. Anton Schwob, Erwin Streitfeld (eds.). *Quelle – Text – Edition. Ergebnisse der österreichisch-deutschen Fachtagung der Arbeitsgemeinschaft für germanistische Edition in Graz vom 28. Februar bis 3. März 1996.* Tübingen: Niemeyer, 1997 (Beihefte zu editio 9), 361–368.

476 Jens Ebert. »Der Roman *Im Westen nichts Neues* im Spiegel der deutschsprachigen kommunistischen Literaturkritik der 20er und 30er Jahre«. Thomas F. Schneider (ed.). *Erich Maria Remarque. Leben, Werk und*

*weltweite Wirkung*. Osnabrück: Universitätsverlag Rasch, 1998 (Schriften des Erich Maria Remarque-Archivs 12), 99–108.

477 a Günter Hartung. »Gegenschriften zu *Im Westen nichts Neues* und *Der Weg zurück*«. Thomas F. Schneider (ed.). *Erich Maria Remarque. Leben, Werk und weltweite Wirkung*. Osnabrück: Universitätsverlag Rasch, 1998 (Schriften des Erich Maria Remarque-Archivs 12), 109–150.

b Günter Hartung. »Gegenschriften zu ›Im Westen nichts Neues‹ und ›Der Weg zurück‹ (1997/98)«. Günter Hartung. *Werkanalysen und Kritiken*. Leipzig: Leipziger Universitätsverlag, 2007 (Gesammelte Aufsätze und Vorträge 5), 307–350.

478 Thomas F. Schneider. »Erwartungen von Rezensenten an Kriegsliteratur. Die Rezeption von Erich Maria Remarques *Im Westen nichts Neues*, 1928–1930«. *LiLi* 28 (1998), 109, 119–132.

479 Karl Michael Bordihn. *Krieg und Literatur. Publizistisch-literarische Auseinandersetzung um Erich Maria Remarques Roman »Im Westen nichts Neues« als Paradigma des Kampfes um die liberal-demokratische Staatsform von Weimar*. Marburg: Tectum, 1999 (Edition Wissenschaft. Reihe Germanistik 58), 299 pp.

480 Imke Harjes. »›Im Westen nichts Neues‹. Bestseller und politischer Skandal«. Petra Bohnsack, Hans-Friedrich Foltin (eds.). *Lesekultur. Populäre Lesestoffe von Gutenberg bis zum Internet*. Marburg: Universitätsbibliothek, 1999 (Schriften der Universitätsbibliothek Marburg 93), 176–188.

481 Nora Kringlebotn. *Erich Maria Remarques Im Westen nichts Neues: en diskusjon omkring Remarques tilknytning til realismen*. Oslo: Universitetet i Oslo, Hovedoppgave i allmenn litteraturvitenskap, 2002, 83 pp.

482 Peter Dörp. »Medien: spezial – Erich Maria Remarque: ›Im Westen nichts Neues‹ (Teil 1)«. *Deutschunterricht* 56 (2003), 5, 42–47.

483 Christian Salzmann. *»[...] es wird auch von Millionen gelesen werden, jetzt und zu allen Zeiten«. Textexterne Faktoren des Erfolges von Erich Maria Remarques »Im Westen nichts Neues«*. Wien: Universität/Geistes- und Kulturwissenschaftliche Fakultät [Diss.], 2003, [masch.] 128 pp.

484 Christian Salzmann. »›Im Westen‹, Ullstein und das Internet. *Im Westen nichts Neues* im Internet und der Zusammenhang mit der Marketing-Strategie des Ullstein-Verlages für den Remarque-Bestseller«. *Erich Maria Remarque Jahrbuch/Yearbook* 14 (2004), 34–54.

485 Thomas F. Schneider. *Erich Maria Remarques Roman »Im Westen nichts Neues«. Text, Edition, Entstehung, Distribution und Rezeption (1928–1930).* Tübingen: Max Niemeyer, 2004 (Exempla Critica 1), 285–408.

486 Karolina Dybalska. »Der Übersetzer als Zensor. Zur Filmzensur in Deutschland und ihrer Einflussnahme auf das Übersetzungsgeschehen am Beispiel der Remarque-Verfilmung ›Im Westen nichts Neues‹«. *Convivium* (2005), 107–139.

487 Klaus Gruhn. »›Wehrkraftzersetzend‹. Schüler des Gymnasium Laurentianum Warendorf lernen 1944 *Im Westen nichts Neues* kennen«. *Erich Maria Remarque Jahrbuch/Yearbook* 15 (2005), 93–101.

488 Mark Ward. »The Reception of *All Quiet on the Western Front*«. Brian Murdoch (ed.). *Critical Insights: All Quiet on the Western Front*. Pasadena/CA: Salem Press, 2010.

## Einzelne Länder und Sprachen/Selected Countries and Languages

### *Bulgarien/Bulgaria*

489 Wesselin Diankov. »*Im Westen nichts Neues* in Bulgarien (Roman, Film, Theater)«. *Erich Maria Remarque Jahrbuch/Yearbook* 11 (2001), 71–86.

490 S. Dimitrova. »›My War is not Your War‹. The Bulgarian debate on the Great War, ›The Experienced War‹ and Bulgarian modernization in the inter-war years«. *Rethinking History* 6 (2002), 1, 15–34.

### *Dänemark/Denmark*

491 Jesper Düring Jørgensen. »Karl Larsen und Erich Maria Remarque. Aspekte der Rezeption und Übersetzung von *Im Westen nichts Neues* in Dänemark«. *Erich Maria Remarque Jahrbuch/Yearbook* 11 (2001), 9–46.

492 Jesper Düring Jørgensen. »Karl Larsen og Erik Maria Remarque – et moede pr. korrespondance«. *Funf og Forskning i det Kongelige Biblioteks Samlinger* 40 (2001), 233–269.

### *Frankreich/France*

493 Rainer Bendick. »*Im Westen nichts Neues* und die pädagogisch-didaktischen Diskussionen in Deutschland und Frankreich Ende der 20er/Anfang der 30er Jahre«. Thomas F. Schneider (ed.). *Erich Maria Remarque. Leben, Werk und weltweite Wirkung*. Osnabrück: Universitätsverlag Rasch, 1998 (Schriften des Erich Maria Remarque-Archivs 12), 151–186.

### *Großbritannien/Great Britain*

494 Brian Murdoch. »Translating the Western Front«. *ABM* (1991), 452–460.

495 Ian Campbell. »A New Look at the Western Front«. *AliTrA. Australian Literary Translators' Association* (1997), 3–4.

496 Brian Thompson. »The Continued Appeal of the Western Front. *Im Westen nichts Neues* and the young readers of today«. Brian Murdoch, Mark Ward, Maggie Sargeant (eds.). *Remarque against War. Essays for the centenary of Erich Maria Remarque, 1898–1970.* Glasgow: Scottish Papers in Germanic Studies, 1998 (SPGS 11), 24–38.

497 Christina Spittel. »War of the Words. An Australian soldier helped Erich Maria Remarque to world fame«. *Wartime. Offical Magazine of the Australian War Memorial* 42 (2008), 30–34.

498 E.V. Tsernega. »Sopostavitel'nyj analiz perevodov romana E.M. Remarka ›Im Westen nichts Neues‹ na anglijskij iazik«. *Idei, Gipotezy, Poisk...* (Magadan) 15/16 (2009), 34–38.

*Jiddisch/Yiddish*

499 Heather Valencia. »Ostjüdische Rezeption von Remarque. Drei jiddische Übersetzungen von *Im Westen nichts Neues*«. Thomas F. Schneider (ed.). *Erich Maria Remarque. Leben, Werk und weltweite Wirkung.* Osnabrück: Universitätsverlag Rasch, 1998 (Schriften des Erich Maria Remarque-Archivs 12), 431–444.

*Niederlande/The Netherlands*

500 Marion E. van der Stelt. *Erich Maria Remarques Roman Im Westen nichts Neues in Deutschland und in den Niederlanden: ein übersetzungstechnischer Vergleich der Übersetzungen von Annie Salomons (1929) und Ronald Jonkers (1994).* Utrecht: Universität [Examensarbeit], 1999, [masch.] 229 pp.

501 Rolf Blankemeijer. »The Publication of *Im Westen nichts Neues* in The Netherlands and the Illustrations by Arie Zonneveld«. *Erich Maria Remarque-Jahrbuch/Yearbook* 18 (2008), 13–32.

*Polen/Poland*

502 Roman Dziergwa. »Die Rezeption und der Streit um den Roman *Im Westen nichts Neues* von E.M. Remarque in der literarischen Öffentlichkeit des Vorkriegspolen«. *Studia Germanica Posnaniensia* (Poznań) 20 (1993), 59–68.

*Russisch/Russian*

503 E.V. Zavarzina. *K istorii russkikh perevodov romana E.M. Remarka »Na Zapadnom fronte bez peremen«.* Magadan: SMU, 1998.

*Slowenien/Slovenia*

504 Bojana Schneider. »Der lange Weg von *Im Westen nichts Neues* zum slowenischen Leser«. Thomas F. Schneider, Roman R. Tschaikowski (eds.). *In 60 Sprachen. Erich Maria Remarque: Übersetzungsgeschichte und -probleme/Na 60 jazikakh. Perevody proizvedenij E.M. Remarka: istoriia i osnovnye problemy.* Osnabrück: Universitätsverlag Rasch, 2002 (Schriften des Erich Maria Remarque-Archivs 16), 63–75.

*Spanien/Spain*

505 Susana Cañuelo Sarríon. *Sin novedad en el frente. Recepcíon en España de la novela de Erich Maria Remarque y de la película de Lewis Milestone.* Barcelona [Magisterarbeit], 2000, [masch.] 53 + 36 pp.

506 Susana Cañuelo Sarríon. »Die Rezeption von *Im Westen nichts Neues* und *All Quiet on the Western Front* in Spanien«. *Erich Maria Remarque Jahrbuch/Yearbook* 11 (2001), 47–70.

*Tschechisch/Czech*

507 Marcela Müllerová-Pavlicková. »Zur tschechischen übersetzerischen Rezeption von E.M. Remarques Roman ›Im Westen nichts Neues‹«. *Germanoslavica* 9 (2002), 1, 77–95.

*USA*

508 Claude R. Owen. »›All Quiet on the Western Front‹ – Sixty Years Later«. *Krieg und Literatur/War and Literature* 1 (1989), 1, 41–48.

509 Howard Michael De Leeuw. »Making the Case For a New American Translation of *Im Westen nichts Neues*«. Thomas F. Schneider, Roman R. Tschaikowski (eds.). *In 60 Sprachen. Erich Maria Remarque: Übersetzungsgeschichte und -probleme/ Na 60 jazikakh. Perevody proizvedenij E.M. Remarka: istoriia i osnovnye problemy.* Osnabrück: Universitätsverlag Rasch, 2002 (Schriften des Erich Maria Remarque-Archivs 16), 85–96.

510 Hans Wagener. »From Richthofen to Remarque. The reception in the United States of German novels about World War I«. Thomas F. Schneider, Hans Wagener (eds.). *»Huns« vs. »Corned Beef«. Representations of the Other in American and German Literature and Film on World War I.* Göttingen: V&R unipress, 2007 (Schriften des Erich Maria Remarque-Archivs 21), 131–152.

## VERFILMUNG/MOVIE *ALL QUIET ON THE WESTERN FRONT* (1930)


511 John Drinkwater. *The Life and Adventures of Carl Laemmle*. New York: G.P. Putnam's Sons, 1931, 274–277.

512 Karel Reisz. »Milestone and War«. *Sequence, Film Review* (1950), 12–16.

513 Dorothy Jones. »War without Glory«. *Quarterly of Film, Radio and Television* 8 (1954), 273–289.

514 Digby Diehl. »Lewis Milestone and *All Quiet on the Western Front*«. *Action. Directors Guild of America* 7 (1972), 4, 2–10.

515 Charles Higham, Joel Greenberg. *The Celluloid Muse. Hollywood Directors Speak*. New York: New American Library, 1972, 164–178.

516 Harley U. Taylor. »Erich Maria Remarque's *Im Westen nichts Neues* and the Movie *All Quiet on the Westen Front*. Genesis, Execution, and Reception«. *West Virginia University Philological Papers* 26 (1980), 13–20.

517 George J. Mitchell. »Making *All Quiet on the Western Front*«. *American Cinematographer* (1985), 34–43.

518 Andrew Kelly. »*All Quiet on the Western Front*: ›brutal cutting, stupid censors and bigotted politicos‹ (1930–1984)«. *Historical Journal of Film, Radio and Television* 9 (1989), 135–150.

519 Harley U. Taylor. *Erich Maria Remarque. A literary and film biography*. New York, Bern, Frankfurt/Main, Paris: Peter Lang, 1989 (American University Studies I, 65), 77–80.

520 Hans Beller. »Gegen den Krieg: *Im Westen nichts Neues* (*All Quiet on the Western Front*, 1929)«. Werner Faulstich, Helmut Korte (eds.). *Fischer Filmgeschichte*. Band 2: *Der Film als gesellschaftliche Kraft 1925 – 1944*. Frankfurt/Main: Fischer Taschenbuch Verlag, 1991 (Fischer Cinema 4492), 110–129.

521 Frank Robert Brady. »Student Responses to Classic Novels and their Television Adaptations«. *Dissertation Abstracts International* 52 (1991), 6, 1931A.

522 Richard Arthur Firda. *All Quiet on the Western Front. Literary analysis and cultural context*. New York: Twayne Publ., 1993 (Twayne's Masterwork Studies 129), 92–106.

523 Jürgen Labenski. »Der Film *Im Westen nichts Neues*. Anmerkungen zur rekonstruierten Fassung«. *Erich Maria Remarque Jahrbuch/Yearbook* 3 (1993), 28–32.

524 Werner Skrentny. »›Es ist mir gesagt worden, daß ich nicht mehr nach Deutschland kommen soll…‹ Carl Laemmle, Produzent des Films *Im Westen nichts Neues*«. *Erich Maria Remarque Jahrbuch/Yearbook* 3 (1993), 33–44.

525 J. Wenden. »Images of War 1930 and 1988: *All Quiet on the Western Front* and *Journey's End*. Preliminary notes for a comparative study«. *Film Historia* 3 (1993), 1/2, 33–37.

526 a John W. Chambers. »›All Quiet on the Western Front‹ (1930). The antiwar film and the image of the First World War«. *Historical Journal of Film, Radio and Television* 14 (1994), 4, 377–411.

b John Whiteclay Chambers II. »*All Quiet on the Western Front* (U.S., 1930: The antiwar film and the image of modern war)«. John W. Chambers II, David Culbert (eds.). *World War II, Film, and History*. New York, Oxford: Oxford University Press, 1996, 13–30.

c John W. Chambers II. »*All Quiet on the Western Front/Im Westen nichts Neues* (1930). Der Antikriegsfilm und das Bild des modernen Krieges«. Thomas F. Schneider (ed.). *Das Auge ist ein starker Verführer. Erich Maria Remarque und der Film*. Osnabrück: Universitätsverlag Rasch, 1998 (Schriften des Erich Maria Remarque-Archivs 13), 33–50.

d John Whiteclay Chambers II. »*All Quiet on the Western Front* (US 1930). The Anti-War Film and the Image of Modern War«. Brian Murdoch (ed.). *Critical Insights: All Quiet on the Western Front*. Pasadena/CA: Salem Press, 2010.

527 Robert Baird. »Hell's Angels above The Western Front«. John E. O'Connor, Peter C. Rollins (eds.). *Hollywood's World War I: Motion Picture Images*. Bowling Green/OH: Bowling Green State University Popular Press, 1997, 79–100.

528 Andrew Kelly. *Cinema and the Great War*. London, New York: Routledge, 1997 (Cinema and Society), 43–57.

529 Hans Beller. »Der Film *All Quiet on the Western Front* und die Feindbildproduktion in Hollywood«. Thomas F. Schneider (ed.). *Erich Maria Remarque. Leben, Werk und weltweite Wirkung*. Osnabrück: Universitätsverlag Rasch, 1998 (Schriften des Erich Maria Remarque-Archivs 12), 187–204.

530 a Andrew Kelly. *Filming All Quiet on the Western Front. »Brutal Cutting, Stupid Censors, Bigoted Politicos«*. London, New York: I.B. Tauris, 1998, 212 pp.

b Andrew Kelly. *All Quiet on the Western Front. The story of a film*. London, New York: I.B. Tauris, 2002, 212 pp.

531 a Kathleen Norrie, Malcolm Read. »Pacifism, Politics and Art. Milestone's *All Quiet on the Western Front* and Pabst's *Westfront 1918*«. Brian Murdoch, Mark Ward, Maggie Sargeant (eds.). *Remarque against War. Essays for the centenary of Erich Maria Remarque, 1898–1970*. Glasgow: Scottish Papers in Germanic Studies, 1998 (SPGS 11), 62–84.

b Kathleen Norrie, Malcolm Read. »Pacifism, Politics and Art: Milestone's *All Quiet on the Western Front* and Pabst's *Westfront 1918*«. Brian Murdoch (ed.). *Critical Insights: All Quiet on the Western Front*. Pasadena/CA: Salem Press, 2010.

532 Garry Wills. »War Refugee«. *Civilization* (1998), 65–67.

533 Nicholas J. Cull. »Samuel Fuller on Lewis Milestone's *A Walk in the Sun* (1946). The legacy of *All Quiet on the Western Front* (1930)«. *Historical Journal of Film, Radio and Television* 20 (2000), 79–88.

534 John W. Chambers II, Thomas F. Schneider. »›Im Westen nichts Neues‹ und das Bild des ›modernen‹ Krieges«. *Text + Kritik* (2001), 149: *Erich Maria Remarque*, 8–18.

535 Ann P. Linder. »The Great War Narratives into Film. Transformation, reception and reaction«. *International Fiction Review* 28 (2001), 1–12.

536 Giaime Alinge. »La grande guerra e la nascita del ›war film‹. Un'ipotesi [E.M. Remarque, K. Vidor]«. *Cominicazioni Sociali* 24 (2002), 2, 177–186.

537 Hans J. Wulff. »Im Westen nichts Neues/All Quiet on the Western Front«. Thomas Klein, Marcus Stiglegger, Bodo Traber (eds.). *Filmgenres. Kriegsfilm*. Stuttgart: Philipp Reclam jun., 2006 (RUB 18411), 46–56.

538 Bastian Hefendehl. *Literatur und Krieg – Erich Maria Remarques »Im Westen nichts Neues«. Gegenüberstellung von Roman und Film im Hinblick auf Gewaltdarstellungen und deren Wirkung*. München: GRIN [Examensarbeit, Internetveröffentlichung], 2007, 110 pp.

539 Pascal Zeuner. *Remakes und Mehrfachverfilmungen am Beispiel von »Im Westen nichts Neues«*. München: GRIN [Hauptseminararbeit, Internetveröffentlichung], 2007, 31 pp.

540 Frank-Burkhard Habel. »›Den Moloch des Kriegswahnsinns bekämpfen‹. Einführung zum Film ›Im Westen nichts Neues‹ von Lewis Milestone«. Friedhelm Greis (ed.). *Der Antimilitarist und Pazifist Tucholsky. Dokumentation der Tagung*

*2007 »Der Krieg ist aber unter allen Umständen tief unsittlich«.* St. Ingbert: Röhrig, 2008 (Schriftenreihe der Kurt-Tucholsky-Gesellschaft 4), 171–175.

541 Matthias Rogg. »›Im Westen nichts Neues‹. Ein Film macht Geschichte«. *Militärgeschichte. Zeitschrift für historische Bildung* (2008), 4, 4–9.

542 Thomas F. Schneider. »›The Greatest of War Films‹. *All Quiet on the Western Front* (USA 1930)«. Rainer Rother, Karin Herbst-Meßlinger (eds.). *Der Erste Weltkrieg im Film.* München: Edition Text + Kritik, 2009, 68–89.

543 a Thomas F. Schneider. »*Im Westen nichts Neues.* Ein Film als visuelle Provokation«. Gerhard Paul (ed.). *Das Jahrhundert der Bilder. 1900 bis 1949.* Göttingen: Vandenhoeck & Ruprecht, 2009, 364–371.

b Thomas F. Schneider. »*Im Westen nichts Neues.* Ein Film als visuelle Provokation«. Gerhard Paul (ed.). *Das Jahrhundert der Bilder. 1900 bis 1949.* Bonn: Bundeszentrale für politische Bildung, 2009, 364–371.

## Rezeption/Reception

### *Deutschland/Germany*

544 a Hanns Brodnitz. *Kino intim.* Berlin: Erich Reiss Verlag, 1933, 91–107.

b Hanns Brodnitz. »Der Krieg der weißen Mäuse«. *Erich Maria Remarque-Jahrbuch/Yearbook* XIII (2003), 96–116.

c Hanns Brodnitz. *Kino intim. Eine vergessene Biographie.* Teetz: Hentrich & Hentrich, 2005 (Jüdische Memoiren 14).

545 Hans-Peter Reichmann. »*Zensurkämpfe sind Machtkämpfe«. Die Auseinandersetzung um Lewis Milestones Verfilmung des Romans ›Im Westen nichts Neues‹.* Frankfurt/Main: Johann Wolfgang Goethe-Universität [Magisterarbeit], 1987, [masch.] 176 pp.

546 Jerold Simmons. »Film and International Politics. The banning of *All Quiet on the Western Front* in Germany and Austria, 1930 - 1931«. *Historian* 52 (1989), 40–60.

547 Armin Roithmayer. *Filmzensur als antidemokratisches Mittel sozialer Kontrolle. Zwei Beispiele: Erich Maria Remarque: »Im Westen nichts Neues«, Herbert Achternbusch: »Das Gespenst«.* Graz: Universität [Diplom-Arbeit], 1991, [masch.] 141 pp.

548 Bärbel Schrader (ed.). *Der Fall Remarque. »Im Westen nichts Neues« – Eine Dokumentation.* Leipzig: Reclam, 1992 (Reclam-Bibliothek 1433), 410 pp.

549 Helmut Fried. »›Wer die Macht hat, verlangt nach Zensur!‹ Zur Rezeption des Films ›Im Westen nichts Neues‹«. *Praxis Geschichte* (1992), 6 (November).

550 Peter Dörp. »Goebbels' Kampf gegen Remarque (2). Eine Untersuchung über die Hintergründe des Hasses und der Agitation Goebbels' gegen den amerikanischen Spielfilm *Im Westen nichts Neues* nach dem gleichnamigen Bestsellerroman von Erich Maria Remarque«. *Erich Maria Remarque Jahrbuch/ Yearbook* 3 (1993), 45–72.

551 Heiko Hartleif. »Das Verbot des Remarque-Films ›Im Westen nichts Neues‹«. *Geschichte in Wissenschaft und Unterricht* 44 (1993), 5, 323–330.

552 Heiko Hartleif. »Filmzensur in der Weimarer Republik. Zum Verbot des Remarque-Films *Im Westen nichts Neues*. Eine Fallanalyse im Geschichtsunterricht der gymnasialen Oberstufe«. *Erich Maria Remarque Jahrbuch/Yearbook* 3 (1993), 73–82.

553 a Wilfried Schnabel. *Die mediale Verarbeitung von Geschichte als Gegenstand öffentlicher Kontroversen. Die Auseinandersetzung um die Verfilmung des Romans »Im Westen nichts Neues« von Erich Maria Remarque (Regie: L. Milestone) während der Endphase der Weimarer Republik. Eine Unterrichtsreihe in einem Leistungskurs der Jahrgangsstufe 12.* Gummersbach: Studienseminar für das Lehramt für die Sekundarstufe II [Schriftliche Hausarbeit], 1999, [masch.] ca. 130 pp.

b Wilfried Schnabel. »Die Romanverfilmung *Im Westen nichts Neues*. Eine Unterrichtseinheit in der Sekundarstufe II mit einem Archivbesuch zur Erarbeitung der Hintergründe und Motive des von den Nationalsozialisten 1930 provozierten Filmskandals«. *Erich Maria Remarque Jahrbuch/Yearbook* 10 (2000), 76–105.

554 Peter Dörp. »Medien: spezial – Erich Maria Remarque: ›Im Westen nichts Neues‹ (Teil 2). Goebbels und Bronnen. Dokumente zum Kinoskandal im Dezember 1930«. *Deutschunterricht* 56 (2003), 6, 40–46.

555 Karolina Dybalska. »Der Übersetzer als Zensor. Zur Filmzensur in Deutschland und ihrer Einflussnahme auf das Übersetzungsgeschehen am Beispiel der Remarque-Verfilmung ›Im Westen nichts Neues‹«. *Convivium* (2005), 107–139.

556 Michael Kopetzky-Tutschek. *Die Debatte über den Film »Im Westen nichts Neues« 1930/31 in Österreich.* München: GRIN [Seminararbeit, Internetveröffentlichung], 2007, 40 pp.

557 Peter Dörp. »Berliner Mauerbau stoppt Filmvorführung von *Im Westen nichts Neues* im Grenzkino ›City‹ am Checkpoint Charlie«. *Erich Maria Remarque-Jahrbuch/Yearbook* 18 (2008), 33–50.

558 David Imhoof. »Culture Wars and the Local Screen. The Reception of *Westfront 1918* and *All Quiet on the Western Front* in one German city«. Peter C. Rollins, John E. O'Connor (eds.). *Why We Fought. America's Wars in Film and History.* Lexington/KY: University Press of Kentucky, 2008, 175–195.

*Luxembourg*

559 Paul Lesch. »›Rien dans ce film n'est de nature à choquer les sentiments de quiconque est adversaire de la guerre, de ses horreurs, de sa barbarie et de son retour‹. La réception au Luxembourg des adaptations cinématographiques de *Im Westen nichts Neues* et de *Der Weg zurück* au cours des années 30«. *Erich Maria Remarque Jahrbuch/Yearbook* 14 (2004), 10–33.

*Spanien/Spain*

560 Susana Cañuelo Sarríon. *Sin novedad en el frente. Recepcíon en España de la novela de Erich Maria Remarque y de la película de Lewis Milestone.* Barcelona [Magisterarbeit], 2000, [masch.] 53 + 36 pp.

561 Susana Cañuelo Sarríon. »Die Rezeption von *Im Westen nichts Neues* und *All Quiet on the Western Front* in Spanien«. *Erich Maria Remarque Jahrbuch/Yearbook* 11 (2001), 47–70.

## Verfilmung/Movie *All Quiet on the Western Front* (1979)

562 Pascal Zeuner. *Remakes und Mehrfachverfilmungen am Beispiel von »Im Westen nichts Neues«.* München: GRIN [Hauptseminararbeit, Internetveröffentlichung], 2007, 31 pp.

## *Der Feind/The Enemy* (1930/31)

563 a Thomas F. Schneider. »Nachwort. Versteckt und vergessen. Erich Maria Remarques Nachkriegserzählungen über den Ersten Weltkrieg«. Erich Maria Remarque. *Der Feind. Erzählungen.* Herausgegeben und mit einem Nachwort von Thomas F. Schneider. Köln: Kiepenheuer & Witsch, 1993, 63–76.

b Thomas F. Schneider. »Postfazione. Nascosti e dimenticati«. Erich Maria Remarque. *Il nemico.* Milano: Arnoldo Mondadori, 1994 (Passepartout 20), 97–119.

c Thomas Schneider. »Utószó. Elrejtve és elfeldve. Erich Maria Remarque háború utáni elbeszélési az I. világháborúról«. Erich Maria Remarque. *Csend Verdun felett.* Budapest: Fátum Ars, 1994, 134–171.

d Thomas F. Schneider. »Nachwort. Versteckt und vergessen. Erich Maria Remarques Nachkriegserzählungen über den Ersten Weltkrieg«. Erich Maria Remarque. *Der Feind. Erzählungen.* Herausgegeben und mit einem Nachwort von Thomas F. Schneider. Köln: Kiepenheuer & Witsch, 1995 (KiWi 366), 63–76.

e Thomas F. Schneider. »Posłowie. Ukryte i zapomniane opowiadania. Ericha Marii Remarque's o pierwszej wojnie światowej«. Erich Maria Remarque. *Wróg.* Przełożyl Ryszard Wojnakowski. Warszawa: Czytelnik, 1995, 71–82.

f Thomas F. Schneider. »Nachwort. Versteckt und vergessen. Erich Maria Remarques Nachkriegserzählungen über den Ersten Weltkrieg«. Erich Maria Remarque. *Der Feind. Erzählungen.* Herausgegeben und mit einem Nachwort von Thomas F. Schneider. Köln: Kiepenheuer & Witsch, 1998 (KiWi 496), 63–77.

g Tomas F. Shnajder. »Nezamechennye i zabytye. Poslevoennye rasskazy Erikha Marii Remarka o Pervoj mirovoj vojne«. Erikh Mariia Remark. *Tri Tovarishcha. Vrag. Voinstvuiushchij patsifist. (Pis'ma, stat'i interviu).* Moskva: Gud'ial-Press, 1999, 386–392.

h Thomas F. Schneider. »Nachwort. Versteckt und vergessen. Erich Maria Remarques Nachkriegserzählungen über den Ersten Weltkrieg«. Erich Maria Remarque. *Der Feind. Erzählungen und andere Texte.* Herausgegeben und mit einem Nachwort von Thomas F. Schneider. Köln: Kiepenheuer & Witsch, 2003, 82–101.

i Thomas F. Schneider. »Nachwort. Versteckt und vergessen. Erich Maria Remarques Nachkriegserzählungen über den Ersten Weltkrieg«. Erich Maria Remarque. *Im Westen nichts Neues. Der Feind. Ein Roman und sechs Erzählungen*. Köln: Kiepenheuer & Witsch, 2005 (KiWi 916), 281–296.

564 Jurij Varzonin. »Der Feind: Liebe Deinen Nächsten – die Rhetorik eines Christen«. Thomas F. Schneider (ed.). *Erich Maria Remarque. Leben, Werk und weltweite Wirkung*. Osnabrück: Universitätsverlag Rasch, 1998 (Schriften des Erich Maria Remarque-Archivs 12), 91–97.

565 Cynthia Reede, *Erich Maria Remarque. De vijand. Verhalen*. Antwerpen: Katholieke Vlaamse Hogeschool Antwerpen, 1998 (KVH. Afdeling Vertalers en Tolken) [Diss.], [masch.] 109 pp.

566 G. Scott Seeger. »Guilty of Violence... by Reason of Humanity. Remarque's Short Story ›The Enemy‹«. Will Wright, Steven Kaplan (eds.). *The Image of Violence in Literature, Media, and Society*. Vol. II. Pueblo/CO: Society for the Interdisciplinary Study of Social Imagery, Colorado State University-Pueblo, 2007, 255–260.

## *Der Weg zurück/The Road Back* (1930/31)

567 Johannes Brautzsch. *Untersuchungen über die Publikumswirksamkeit der Romane »Im Westen nichts Neues« und »Der Weg zurück« von Erich Maria Remarque vor 1933*. Potsdam: Universität [Diss.], 1969 [masch.].

568 Christine R. Barker, Rex W. Last. *Erich Maria Remarque*. London: Oswald Wolff; New York: Barnes & Nobles, 1979, 69–109.

569 Annick Ducret. *Die Weimarer Gesellschaft im Werke Erich Maria Remarques*. Dijon: Universität [Examensarbeit], 1984 , [masch.] 127 pp.

570 Richard A. Firda. *Erich Maria Remarque. A thematic analysis of his novels*. New York, Bern, Frankfurt/Main, Paris: Peter Lang, 1988 (American University Studies XIX, 8), 65–102.

571 Harley U. Taylor. *Erich Maria Remarque. A literary and film biography*. New York, Bern, Frankfurt/Main, Paris: Peter Lang, 1989 (American University Studies I, 65), 87–92.

572 a Tilman Westphalen. »Nachwort. Kameradschaft zum Tode«. Erich Maria Remarque. *Der Weg zuück*.

*Roman*. Mit einem Nachwort von Tilman Westphalen. Köln: Kiepenheuer & Witsch, 1990 (KiWi 229), 313–333.

b Tilman Westphalen. »Kameradschaft zum Tode«. Erich Maria Remarque. *Der Weg zuück. Roman*. Mit einem Nachwort von Tilman Westphalen. Köln: Kiepenheuer & Witsch, 1998 (KiWi 491), 313–334.

573 Hans Wagener. *Understanding Erich Maria Remarque*. Columbia/SC: University of South Carolina Press, 1991 (Understanding Modern European and Latin American Literature), 37–45.

574 Bernd Stegemann. *Fakten und Fiktionen – E.M. Remarque als Lehrer 1919 – 1920 und seine Darstellung von Schule, Lehrern und Schülern in den Romanen »Im Westen nichts Neues« und »Der Weg zurück«*. Osnabrück: Universität Osnabrück [Magisterarbeit], 1995, [masch.] 117 pp.

575 Alicja Kwiatkowski-Wozniak. *Die Identitätskrise der Nachkriegsgeneration als Folge des Ersten Weltkriegs in der Sicht Erich Maria Remarques*. Wien: Universität [Diplomarbeit], 1996, [masch.] 112 pp.

576 John Fotheringham. »Ernst Toller's *Eine Jugend in Deutschland* and Remarque's *Der Weg zurück*«. Brian Murdoch, Mark Ward (eds.). *Remarque against War. A collection of essays for the centenary of Erich Maria Remarque*. Glasgow, 1998 (Scottish Papers in Germanic Studies 11), 98–118.

577 a Günter Hartung. »Gegenschriften zu *Im Westen nichts Neues* und *Der Weg zurück*«. Thomas F. Schneider (ed.). Erich Maria Remarque. *Leben, Werk und weltweite Wirkung*. Osnabrück: Universitätsverlag Rasch, 1998 (Schriften des Erich Maria Remarque-Archivs 12), 109–150.

b Günter Hartung. »Gegenschriften zu ›Im Westen nichts Neues‹ und ›Der Weg zurück‹ (1997/98)«. Günter Hartung. *Werkanalysen und Kritiken*. Leipzig: Leipziger Universitätsverlag, 2007 (Gesammelte Aufsätze und Vorträge 5), 307–350.

578 Bernhard Stegemann. »Autobiographisches aus der Seminar- und Lehrerzeit von Erich Maria Remarque im Roman *Der Weg zurück*«. Thomas F. Schneider (ed.). *Erich Maria Remarque. Leben, Werk und weltweite Wirkung*. Osnabrück: Universitätsverlag Rasch, 1998 (Schriften des Erich Maria Remarque-Archivs 12), 57–68.

579 Mark Ward. »The Structure of *Der Weg zurück*«. Brian Murdoch, Mark Ward, Maggie Sargeant (eds.). *Remarque against War. A collection of essays for the centenary*

*of Erich Maria Remarque*. Glasgow, 1998 (Scottish Papers in Germanic Studies 11), 85–97.

580 E.V. Zavarzina. »Roman ›Vozvrashchenie‹ v kontekste tvorchestva E.M. Remarka (perevodovedcheskij aspekt)«. *Idei, Gipotezy, Poisk...* (Magadan) 6 (1999), 21–24.

581 Bernd Hidding. *Bilder der Weimarer Republik in drei Romanen (1931, 1937, 1956) von E.M. Remarque*. Münster: Universität [Examensarbeit], 2000, [masch.] 109 pp.

582 Brian Murdoch. »Vorwärts auf dem Weg zurück. Kriegsende und Nachkriegszeit bei Erich Maria Remarque«. *Text + Kritik* (2001), 149: *Erich Maria Remarque*, 19–29.

583 R.R. Tschaikowski, S.V. Kiprina, E.A. Kostenko. »Dve redaktsii odnogo perevoda (russkie versii ›Vozvrashcheniia‹ E.M. Remarka 1936 i 1959 godov)«. R.R. Tschaikowski (ed.). *Perevod i perevodtsiki. Nauchnij al'manakh*. Vypusk 2: *E.M. Remark*. Magadan: Kordis, 2001, 34–41.

584 Daniela Franke. *Erich Maria Remarque: Der Weg zurück*. München: GRIN [Seminararbeit, Internetveröffentlichung], 2003, 16 pp.

585 Rikke Christoffersen. »Three Comrades – One Perspective. Contextualizing Remarque's *Drei Kameraden* with the Two Early War Novels«. *Erich Maria Remarque Jahrbuch/Yearbook* 15 (2005), 36–62.

586 Grazina Droessiger. » Zur Polyfunktionalität der deutschen Modalverben oder: Was ist modal an den deutschen Modalverben?«. *Zmogus ir Zodis. Svetimosios Kalbos* 7 (2005), 3, 85–92.

587 G. Scott Seeger. »E. M. Remarque: War-Shattered Generations in Search for the Road Home«. Will Wright, Steven Kaplan (eds.). *The Image of the Road in Literature, Media, and Society*. Pueblo/CO: Society for the Interdisciplinary Study of Social Imagery, Colorado State University-Pueblo, 2005, 227–232.

588 Brian Murdoch. *The Novels of Erich Maria Remarque. Sparks of Life*. Rochester/NY, Woodbridge: Camden House, 2006, 31–66.

589 Thomas F. Schneider. »Die Revolution in der Provinz. Erich Maria Remarque: *Der Weg zurück* (1930/31)«. Ulrich Kittstein, Regine Zeller (eds.). *»Friede, Freiheit, Brot!« Romane zur deutschen Novemberrevolution*. New York, Amsterdam: Rodopi, 2009 (Amsterdamer Beiträge zur neueren Germanistik 71), 255–267.

## Vergleichende Studien/Comparative Studies

### *Renn, Ludwig*

590 Heinz Bär. »Kriegsbücher – so oder so. Einige Gedanken über Remarque und Renn«. *Heute und Morgen* (1950), 230–236.

## Verfilmung/Movie *The Road Back* (1937)

591 Harley U. Taylor. *Erich Maria Remarque. A literary and film biography.* New York, Bern, Frankfurt/Main, Paris: Peter Lang, 1989 (American University Studies I, 65), 87–92.

592 Andrew Kelly. *Cinema and the Great War.* London, New York: Routledge, 1997 (Cinema and Society), 128–147.

593 Andrew Kelly. *Filming All Quiet on the Western Front. »Brutal Cutting, Stupid Censors, Bigoted Politicos«.* London, New York: I.B. Tauris, 1998, 133–157.

594 Andrew Kelly. »Hollywood und Nachkriegsdeutschland. *Der Weg zurück* und *Drei Kameraden*«. Thomas F. Schneider (ed.). *Das Auge ist ein starker Verführer. Erich Maria Remarque und der Film.* Osnabrück: Universitätsverlag Rasch, 1998 (Schriften des Erich Maria Remarque-Archivs 13), 191–200.

595 Paul Lesch. »›Rien dans ce film n'est de nature à choquer les sentiments de quiconque est adversaire de la guerre, de ses horreurs, de sa barbarie et de son retour‹. La réception au Luxembourg des adaptations cinématographiques de *Im Westen nichts Neues* et de *Der Weg zurück* au cours des années 30«. *Erich Maria Remarque Jahrbuch/Yearbook* 14 (2004), 10–33.

## *Drei Kameraden/Three Comrades* (1936/38)

596 Jaroslav Drtina. »Kniha a čtenář. Metodické poznámky k výzkumnému úkolu«. *Knihovník* (1964), 4, 99–104.

597 M.Ias. Vais. »Nekotoryie osobennosti dialogicheskoj rechi. Na materiale romana E. Remarka *Tri tovarishcha*«. *Trudy* (Leningrad: Leningradskij institut kul'tury) 21 (1970), 355–366.

598 Helena Szépe. »Der deklassierte Kleinbürger in den Romanen Erich Maria Remarques«. *Monatshefte* (Madison/WI) 65 (1973), 4, 385–392.

599 Chantal Chiuso. *Erich Maria Remarque. Drei Kameraden. Das Bild der »Zwanziger Jahre«*. Aix-en-Provence: Université [Magisterarbeit], 1975, [masch.] 68 pp.

600 Christine R. Barker, Rex W. Last. *Erich Maria Remarque*. London: Oswald Wolff; New York: Barnes & Nobles, 1979, 69–109.

601 Annick Ducret. *Die Weimarer Gesellschaft im Werke Erich Maria Remarques*. Dijon: Universität [Examensarbeit], 1984, [masch.] 127 pp.

602 G.A. Ugriumova. *Strukturno-semanticheskaia kharakteristika SFJe v romane »Tri tovarishcha« E.M. Remarka, ispol'zuimykh pri opisanii priprdy*. Saransk: Mordwinskij gosudarstvennyj institut imeni. M.Ie. Iesiveieva [Diss.], 1985, 10 pp.

603 Richard A. Firda. *Erich Maria Remarque. A thematic analysis of his novels*. New York, Bern, Frankfurt/Main, Paris: Peter Lang, 1988 (American University Studies XIX, 8), 65–102.

604 Harley U. Taylor. *Erich Maria Remarque. A literary and film biography*. New York, Bern, Frankfurt/Main, Paris: Peter Lang, 1989 (American University Studies I, 65), 105–110.

605 Hans Wagener. *Understanding Erich Maria Remarque*. Columbia, SC: University of South Carolina Press, 1991 (Understanding Modern European and Latin American Literature), 45–52.

606 Tilman Westphalen. »Nachwort. ›Nur zu kurz. Viel zu kurz‹«. Erich Maria Remarque. *Drei Kameraden. Roman*. Mit einem Nachwort von Tilman Westphalen. Köln: Kiepenheuer & Witsch, 1991 (KiWi 239), 384–398.

607 Thomas Schneider: »Von *Pat* zu *Drei Kameraden*. Zur Entstehung des ersten Romans der Exil-Zeit Remarques«. *Erich Maria Remarque Jahrbuch/Yearbook* 2 (1992), 67–78.

608 Rainer Jeglin, Irmgard Pickerodt. »Weiche Kerle in harter Schale. Zu *Drei Kameraden*«. Thomas F. Schneider (ed.). *Erich Maria Remarque. Leben, Werk und weltweite Wirkung.* Osnabrück: Universitätsverlag Rasch, 1998 (Schriften des Erich Maria Remarque-Archivs 12), 217–234.

609 Rolf Parr. »Tacho. km/h. Kurve. Unfall. Körper. Erich Maria Remarques journalistische und kunstliterarische Autofahrten«. Thomas F. Schneider (ed.). *Erich Maria Remarque. Leben, Werk und weltweite Wirkung.* Osnabrück: Universitätsverlag Rasch, 1998 (Schriften des Erich Maria Remarque-Archivs 12), 69–90.

610 Tilman Westphalen. »Der Orden der Erfolglosen«. Erich Maria Remarque. *Drei Kameraden. Roman.* Mit einem Nachwort von Tilman Westphalen. Köln: Kiepenheuer & Witsch, 1998 (KiWi 492), 384–398.

611 a Galina G. Zibrova. *Uchebnoe posobie po nemetskomu jazyku. Dlia razvitiia navykov ust. rechi. S ispol'z. orig. teksta romana E.M. Remarka »Tri Tovarishcha«.* Moskva: NBI, Tezaurus, 1998, 397 pp.

b Galina G. Zibrova. *Uchebnoe posobie po nemetskomu jazyku. Dlia razvitiia navykov ust. rechi. S ispol'z. orig. teksta romana E.M. Remarka »Tri Tovarishcha«.* Moskva: NBI, Tezaurus, 2006, 397 pp.

612 Bernd Hidding. *Bilder der Weimarer Republik in drei Romanen (1931, 1937, 1956) von E.M. Remarque.* Münster: Universität [Examensarbeit], 2000, [masch.] 109 pp.

613 Katharina Maas. *›Im Zeitalter der Sachlichkeit muss man romantisch sein, das ist der Trick‹ – Die Verbindung von Elementen des Ästhizimus und der Neuen Sachlichkeit in Erich Maria Remarques »Drei Kameraden«.* München: GRIN [Hauptseminararbeit, Internetveröffentlichung], 2000, 26 pp.

614 Fabienne Amgwerd. *Form und Funktion des Komischen bei Erich Maria Remarque. Eine Analyse seiner drei frühen Exil-Romane »Drei Kameraden«, »Liebe Deinen Nächsten« und »Arc de Triomphe«.* Fribourg: Universität Fribourg [Lizentiatsarbeit], 2003, [masch.] 146 pp.

615 Rainer Jeglin. »Drei Kameraden von der Tankstelle. Ein Zeitroman als Kontrafaktur einer Tonfilmoperette«. *Erich Maria Remarque Jahrbuch/Yearbook* 14 (2004), 55–68.

616 Fabienne Amgwerd. »Form und Funktion des Komischen bei Remarque. Eine Analyse seiner drei frühen Exil-Romane *Drei Kameraden, Liebe Deinen Nächsten* und *Arc de Triomphe*«. *Erich Maria Remarque Jahrbuch/Yearbook* 15 (2005), 7–35.

617 Rikke Christoffersen. »Three Comrades – One Perspective. Contextualizing Remarque's *Drei Kameraden* with the two early war novels«. *Erich Maria Remarque Jahrbuch/Yearbook* 15 (2005), 36–62.

618 Brian Murdoch. *The Novels of Erich Maria Remarque. Sparks of Life.* Rochester/NY, Woodbridge: Camden House, 2006, 67–98.

619 Nadezhda V. Medvedenko. *Zaglavie Uchebno-metodicheskoe posobne po domashnemu chteniiu na materiale romana E.M. Remarka »Tri tovarishcha«*. Omsk: OmGU, 2007, 79 pp.

## Verfilmung/Movie *Three Comrades* (1938)

620 Harley U. Taylor. *Erich Maria Remarque. A literary and film biography.* New York, Bern, Frankfurt/Main, Paris: Peter Lang, 1989 (American University Studies I, 65), 111–114.

621 Andrew Kelly. *Cinema and the Great War.* London, New York: Routledge, 1997 (Cinema and Society), 128–147.

622 Andrew Kelly. *Filming All Quiet on the Western Front. »Brutal Cutting, Stupid Censors, Bigoted Politicos«.* London, New York: I.B. Tauris, 1998, 133–157.

623 Andrew Kelly. »Hollywood und Nachkriegsdeutschland. *Der Weg zurück* und *Drei Kameraden*«. Thomas F. Schneider (ed.). *Das Auge ist ein starker Verführer. Erich Maria Remarque und der Film.* Osnabrück: Universitätsverlag Rasch, 1998 (Schriften des Erich Maria Remarque-Archivs 13), 191–200.

624 Karolina Kęsicka. *Adaption als Translation. Zum Bedeutungstransfer zwischen der Literatur- und Filmsprache am Beispiel der Remarque-Verfilmungen.* Dresden, Wroclaw: Neisse, 2009 (Dissertationes Inaugurales Selectae 54), 304 pp.

## Korrespondenz mit Marlene Dietrich/Correspondance with Marlene Dietrich (1937–1970/2001)

625 O.S. Vysokikh. »K istorii perepiski E. M. Remarka i M. Ditrikh«. *Idei, Gipotezy, Poisk... Germanistika i Perevodovedenie* (Magadan) 12 (2005), 9–12.

626 O.S. Vysokikh. »Jazykovye osobennosti epistoliarnogo stilia (na primere pisem E.M. Remarka k. M. Ditrikh)«. *II Mezhdunarodnaia nauchno-prakticheskaia konferentsia. Aktual'nye problemy lingvistiki i lingvodidaktiki inostrannogo iazyka delovogo i professional'nogo obshcheniia*. Moskva: Unikum-Tsentr, 2006, 289–290.

627 O.S. Vysokikh. »Sopostavitel'nyj analiz originalov i perevodov pisem E.M. Remarka k M. Ditrikh (sintaksicheskij aspekt)«. *Idei, Gipotezy, Poisk... Germanistika i Perevodovedenie* (Magadan) 13 (2006), 7–11.

628 Ljudmila Bojadzhieva. *Ditrikh i Remark*. Moskva: Vagrius, 2007, 286 pp.

629 O.S. Vysokikh. »Lirizm kak stilisticheskaia cherta chastnogo pis'ma (na materiale pisem E.M. Remarka k. M. Ditrikh)«. *Idei, Gipotezy, Poisk... Germanistika i Perevodovedenie* (Magadan) 14 (2007), 5–8.

630 Susanne Kolhosser. »Der Privatmensch Remarque. Eine Betrachtung der Kosenamen und Rollenspiele in der Korrespondenz mit Marlene Dietrich«. *Erich Maria Remarque-Jahrbuch/Yearbook* 18 (2008), 51–72.

## Exilromane/Novels in Exile


631 T.S. Nikolaieva. »Nemetskij roman ob emigrantakh (Zegers, Fejkhtvanger, Remark)«. *Realizm v zarubeshnykh literaturakh XIX–XX vekov*. Saratov, 1975, 25–50.

632 Susan E. Cernyak. »The Life of a Nation. The community of the dispossessed in E.M. Remarque's emigration novels«. *Perspectives* (1977), 15–22.

633 Christine R. Barker, Rex W. Last. *Erich Maria Remarque*. London: Oswald Wolff; New York: Barnes & Nobles, 1979, 110–123.

634 Beata Nawrocka. »Zwischen Hoffnung und Verzweiflung – ein Bild des Lebens der Emigranten in den Exil-Romanen von Erich Maria Remarque«. *Rozprawy Niemcoznawcze* (Częstochowa) 1 (1991), 103–112.

635 Denis Bousch. »Die Imago Paris in den Exilromanen Remarques und die Rezeption in Frankreich«. Thomas F. Schneider (ed.). *Erich Maria Remarque. Leben, Werk und weltweite Wirkung*. Osnabrück: Universitätsverlag Rasch, 1998 (Schriften des Erich Maria Remarque-Archivs 12), 371–384.

636 Helga Schreckenberger. »Erich Maria Remarque im amerikanischen Exil«. Thomas F. Schneider (ed.). *Erich Maria Remarque. Leben, Werk und weltweite Wirkung*. Osnabrück: Universitätsverlag Rasch, 1998 (Schriften des Erich Maria Remarque-Archivs 12/Erich Maria Remarque Jahrbuch/Yearbook 8), 251–266.

637 Denis Bousch. »Une biographie du déracinement«. Erich Maria Remarque. *Romans. Un temps pour vivre, un temps pour mourir. L'Etincelle de vie. Les Exilés. Arc de Triomphe*. Préface de Denis Bousch. Paris: Omnibus, 2001, I–XVI.

638 Isabell Schlösser. *Die Darstellung des Exils bei Erich Maria Remarque*. Köln: Universität [Magisterarbeit], 2001, [masch.] 113 pp.

639 Helga Schreckenberger. »›Durchkommen ist alles‹. Physischer und psychischer Existenzkampf in Erich Maria Remarques Exil-Romanen«. *Text + Kritik* (2001), 149: *Erich Maria Remarque*, 30–41.

640 Karin Dertschnig. *Erich Maria Remarques Exilromane*. Graz: Karl-Franzens Universität [Diplomarbeit], 2004, [masch.] 92 pp.

641 René Horcicka. »*Kugel-Dasein*« – *Erich Maria Remarques Tetralogie zur Emigration*. Salzburg: Universität [Diplomarbeit], 2005, [masch.] 74 pp.

642 Katharina Schulenberg. *Vergangenheit - Gegenwart - Zukunft: Auswirkungen und Bewältigungen des Exils in Erich Maria Remarques Werk*. Berlin: Humboldt Universität [Magisterarbeit], 2005, [masch.] 122 pp.

643 Ulrike Franz. *Erich Maria Remarques Exilliteratur. Unterrichtsmaterialien*. Osnabrück: Erich Maria Remarque-Friedenszentrum, 2007, 100 pp.

## *Liebe Deinen Nächsten/Flotsam* (1939/41)

644 James Gray. *on second thought*. Minneapolis/MI: University of Minnesota Press, 1946, 234–237.

645 Thomas A. Kamla. »Erich Maria Remarque: *Liebe Deinen Nächsten*«. Thomas A. Kamla. *Confrontation with Exile. Studies in the German novel*. Frankfurt/Main: Peter Lang, 1975 (Europäische Hochschulschriften I, 137), 77–85.

646 Richard A. Firda. *Erich Maria Remarque. A thematic analysis of his novels*. New York, Bern, Frankfurt/Main, Paris: Peter Lang, 1988 (American University Studies XIX, 8), 103–144.

647 Harley U. Taylor. *Erich Maria Remarque. A literary and film biography*. New York, Bern, Frankfurt/Main, Paris: Peter Lang, 1989 (American University Studies I, 65), 147–152.

648 Hans Wagener. *Understanding Erich Maria Remarque*. Columbia, SC: University of South Carolina Press, 1991 (Understanding Modern European and Latin American Literature), 53–59.

649 Tilman Westphalen. »Nachwort. ›Man braucht ein starkes Herz, um ohne Wurzel zu leben –‹«. Erich Maria Remarque. *Liebe Deinen Nächsten. Roman*. Mit einem Nachwort von Tilman Westphalen. Köln: Kiepenheuer & Witsch, 1991 (KiWi 248), 321–338.

650 Justyna Iwanowska. *Erich Maria Remarque und seine Auseinandersetzung mit dem Krieg*. Poznań: Adam Mickiewicz-Universität [Magisterarbeit], 1994, [masch.] 76 pp.

651 E.V. Zavarzina. *Sopostavitel'nij analiz perevodov romana E.M. Remarka »Vozliubi blizhnego svoego«*. Magadan: MPU, 1997 [Diplomarbeit].

652 Tilman Westphalen. »Ein Mensch ohne Paß ist eine Leiche auf Urlaub«. Erich Maria Remarque. *Liebe Deinen Nächsten. Roman*. Mit einem

Nachwort von Tilman Westphalen. Köln: Kiepenheuer & Witsch, 1998 (KiWi 493), 321–340.

653 Mareike Garber. *Der Weg ins Exil – Erich Maria Remarques Liebe Deinen Nächsten – Roman.* Bonn: Rheinische Friedhelm-Wilhelms-Universität [Magisterarbeit], 2001, [masch.] 89 pp.

654 Fabienne Amgwerd. *Form und Funktion des Komischen bei Erich Maria Remarque. Eine Analyse seiner drei frühen Exil-Romane »Drei Kameraden«, »Liebe Deinen Nächsten« und »Arc de Triomphe«.* Fribourg: Universität Fribourg [Lizentiatsarbeit], 2003, [masch.] 146 pp.

655 Fabienne Amgwerd. »Form und Funktion des Komischen bei Remarque. Eine Analyse seiner drei frühen Exil-Romane *Drei Kameraden, Liebe Deinen Nächsten* und *Arc de Triomphe*«. *Erich Maria Remarque Jahrbuch/Yearbook* 15 (2005), 7–35.

656 Brian Murdoch. *The Novels of Erich Maria Remarque. Sparks of Life.* Rochester/NY, Woodbridge: Camden House, 2006, 99–128.

## Verfilmung/Movie *So Ends Our Night* (1940)

657 Harley U. Taylor. *Erich Maria Remarque. A literary and film biography.* New York, Bern, Frankfurt/Main, Paris: Peter Lang, 1989 (American University Studies I, 65), 147–152.

658 a Jan-Christopher Horak. »Ewig auf der Flucht. Die Romanverfilmung *So Ends Our Night*«. Thomas F. Schneider (ed.). *Erich Maria Remarque. Leben, Werk und weltweite Wirkung.* Osnabrück: Universitätsverlag Rasch, 1998 (Schriften des Erich Maria Remarque-Archivs 12), 235–250.

b Jan-Christopher Horak. »Ewig auf der Flucht. Die Romanverfilmung *So Ends Our Night*«. Thomas F. Schneider (ed.). *Das Auge ist ein starker Verführer. Erich Maria Remarque und der Film.* Osnabrück: Universitätsverlag Rasch, 1998 (Schriften des Erich Maria Remarque-Archivs 13), 201–214.

## *Praktische Erziehungsarbeit in Deutschland nach dem Krieg/Practical Educational Work in Germany after the War* (1944)

659 Lothar Schwindt, Detlef Vornkahl. »Erich Maria Remarques Engagement in der amerikanischen Deutschlandpolitik gegen Ende des 2. Weltkrieges«. *Mitteilungen der Erich Maria Remarque Gesellschaft Osnabrück e.V.* 2 (1987), 4–22.

660 Lothar Schwindt. »Geheimdienstarbeit. Remarques Schrift *Practical Educational Work in Germany after the War*«. Tilman Westphalen (ed.). *Erich Maria Remarque 1898 – 1970.* Bramsche: Rasch, 1988, 65–78.

661 Heinrich Placke. »Remarques Denkschrift *Practical Educational Work in Germany after the War* (1944) im Kontext zeitgenössischer Konzeptionen für das nahende Nachkriegsdeutschland (Denkschrift und Tagebuch als kontrastierende Gebrauchstextsorten)«. *Erich Maria Remarque Jahrbuch/Yearbook* 12 (2002), 60–96.

662 Heinrich Placke, Uwe Zagratzki. »Eine Denkschrift und ein Zeitungsbeitrag Remarques in politischen Debatten: *Practical Educational Work in Germany after the War* (1944) und *Be Vigilant!* (1956) im Spannungsfeld divergierender zeitgenössischer Positionen«. Joanna Jabłkowska, Małgorzata Półrola (eds.). *Engagement. Debatten. Skandale. Deutschsprachige Autoren als Zeitgenossen.* Łódż: Wyd. Uniw. Łódżkiego, 2002, 321–340.

## *Arc de Triomphe/Arch of Triumph* (1945)

663 Helmut Rudolf. »Helden in der Krise«. *Német Filológiai Tanulmányok. Arbeiten zur deutschen Philologie* (Debrecen) 2 (1966), 83–93.

664 Richard A. Firda. *Erich Maria Remarque. A thematic analysis of his novels.* New York, Bern, Frankfurt/Main, Paris: Peter Lang, 1988 (American University Studies XIX, 8), 103–144.

665 a Tilman Westphalen. »Nachwort. Das Tor des Hades«. Erich Maria Remarque. *Arc de Triomphe. Roman.* Mit einem Nachwort von Tilman Westphalen. Köln: Kiepenheuer & Witsch, 1988 (KiWi 164), 447–459.

b Tilman Westphalen. »Das Tor des Hades«. Erich Maria Remarque. *Arc de Triomphe. Roman.* Mit einem Nachwort von Tilman Westphalen.

Köln: Kiepenheuer & Witsch, 1998 (KiWi 472), 481–498.

c Tilman Westphalen. »Das Tor des Hades«. Erich Maria Remarque. *Die großen Romane*. Vol. 2: *Arc de Triomphe. Roman*. Mit einem Nachwort von Tilman Westphalen. Köln: Kiepenheuer & Witsch, 1998 (KiWi 480), 481–498.

666 Julia Ströhlein. *Erich Maria Remarques »Arc de Triomphe« als Werk der Exilliteratur. Das schriftstellerische Engagement des Autors im Exil für Humanität*. München: Ludwig-Maximilian-Universität [Magisterarbeit], 1989, [masch.] 95 pp.

667 Harley U. Taylor. *Erich Maria Remarque. A literary and film biography*. New York, Bern, Frankfurt/Main, Paris: Peter Lang, 1989 (American University Studies I, 65), 171–180.

668 Justyna Iwanowska. *Erich Maria Remarque und seine Auseinandersetzung mit dem Krieg*. Poznań: Adam Mickiewicz-Universität [Magisterarbeit], 1994, [masch.] 76 pp.

669 Hans Wagener. *Understanding Erich Maria Remarque*. Columbia, SC: University of South Carolina Press, 1991, 59–66.

670 Jerzy Wegrzynowski. *Bilder des Exils. Erich Maria Remarque »Arc de Triomphe«, Klaus Mann »Der Vulkan«*. Rzeszow: Universität [Examensarbeit], 1996, [masch.] 132 pp.

671 Anna Pruszyńska. »Die Situation des Exils in den Romanen *Arc de Triomphe* von Erich Maria Remarque und *Brudne Czyny* von Marek Hlasko«. Sascha Feuchert (ed.). *Flucht und Vertreibung in der deutschen Literatur*. Frankfurt/Main et al.: Peter Lang, 2001 (Gießener Arbeiten zur Neueren Deutschen Literatur und Literaturwissenschaft 21), 155–160.

672 Sarah Ben Ammar. *Das Dritte Reich und die Emigration in 2 Romanen von Erich Maria Remarque: Arc de Triomphe und Zeit zu leben und Zeit zu sterben*. Lille: Université de Lille III [Examensarbeit], 2000/2001, [masch.] 89 pp.

673 Isabell Schlösser. *Die Darstellung des Exils bei Erich Maria Remarque*. Köln: Universität [Magisterarbeit], 2001, [masch.] 113 pp.

674 Fabienne Amgwerd. *Form und Funktion des Komischen bei Erich Maria Remarque. Eine Analyse seiner drei frühen Exil-Romane »Drei Kameraden«, »Liebe Deinen Nächsten« und »Arc de Triomphe«*. Fribourg: Universität Fribourg [Lizentiatsarbeit], 2003, [masch.] 146 pp.

675 Susanne Stephani. »›...weil wir Funken in einem unbekannten Wind sind‹. Erich Maria Remarque: *Arc de*

*Triomphe«. Erich Maria Remarque Jahrbuch/Yearbook* 13 (2003), 42–77.

676 Fabienne Amgwerd. »Form und Funktion des Komischen bei Remarque. Eine Analyse seiner drei frühen Exil-Romane *Drei Kameraden, Liebe Deinen Nächsten* und *Arc de Triomphe«. Erich Maria Remarque Jahrbuch/Yearbook* 15 (2005), 7–35.

677 M. Ju. Babkov. »Pereosmyslenie christianskich zapovedej v kontekste novoj epochi ili novyj gumanizm Remarka (na materiale romana »Triumfal'naja arka«)«. *Russkaia Germanistika* 2 (2006), 284–189.

678 Brian Murdoch. *The Novels of Erich Maria Remarque. Spark of Life*. Rochester/NY, Woodbridge: Camden House, 2006, 99–128.

679 Germain Nyada. »›Als Réfugié, der nicht praktizieren darf, ...‹. Fremdheits(de)konstruktionen in Erich Maria Remarques Roman *Arc de Triomphe«. Erich Maria Remarque-Jahrbuch/Yearbook* 18 (2008), 73–88.

680 Boris Surawicz, Beverly Jacobson. *Doctors in Fiction*. Oxon: Radcliffe, 2009, 93–99.

### Rezeption/Reception

681 Maria Grzęda-Świerczewska. *Die Rezeption des »Arc de Triomphe« von Erich Maria Remarque (mit besonderer Berücksichtigung von Polen)*. Warschau: Universität [Magisterarbeit], 2005, [masch.] 65 pp.

## Verfilmung/Movie *Arch of Triumph* (1945)

682 Harley U. Taylor. *Erich Maria Remarque. A literary and film biography*. New York, Bern, Frankfurt/Main, Paris: Peter Lang, 1989 (American University Studies I, 65), 171–180.

683 George A. Lazarou. *Memories of Hollywood: 1948. Erich Maria Remarque's Arch of triumph. A tribute*. Athens: G.A. Lazarou, 1997, X + 60 pp.

## Schriften der 1950er Jahre/Writings of the 1950s

684 Hans-Joachim Bernhard. »Erich Maria Remarques Romane nach dem Zweiten Weltkrieg«. *Nemet Filologiai Tanulmanyok/Arbeiten zur Deutschen Philologie* (Debrecen) 7 (1973), 35–49.

685 Félix Martí-Ibáñez. »The Poet of the Wars. Six Perspectives on Erich Maria Remarque. Part I«. *MD of Canada* (1973), 11–16.

686 Félix Martí-Ibáñez. »The Poet of the Wars. Six Perspectives on Erich Maria Remarque. Part II«. *MD of Canada* (1973), 9–14.

689 Christine R. Barker, Rex W. Last. *Erich Maria Remarque*. London: Oswald Wolff; New York: Barnes & Nobles, 1979, 124–142.

690 Bernhard Nienaber. »Der Blick zurück. Remarques Romane gegen die Adenauer-Restauration«. Tilman Westphalen (ed.). *Erich Maria Remarque 1898 - 1970*. Bramsche: Rasch, 1988, 79–93.

691 Thomas Fleischer. *Die Verlagsvermarktung der Romane Erich Maria Remarques im deutschsprachigen Raum von 1945 bis 1952*. Osnabrück: Universität/Fachbereich Sprach- und Literaturwissenschaft [Magisterarbeit], 1995, [masch.] 95 pp.

692 Beata Nawrocka. »Tradierte Stereotype der Darstellung von Juden in der deutschen Prosa nach 1945 – an Hand der Nachkriegsromane von Erich Maria Remarque und *Homo faber* von Max Frisch«. *Rozprawy Niemcoznawcze* (Częstochowa) 2 (1995), 125–136.

693 Thomas Fleischer. »Remarques Rückkehr auf den deutschsprachigen Buchmarkt nach 1945«. *Erich Maria Remarque Jahrbuch/Yearbook* 6 (1996), 48–56.

694 Heinrich Placke. »›... und schon arbeiten Laboratorien und Fabriken aufs Neue mit Hochdruck daran, den Frieden zu erhalten durch die Erfindung von Waffen, mit denen man den ganzen Erdball sprengen kann‹. (1956). Die endzeitlich-visionären Elemente in Remarques Romanen der fünfziger Jahre«. Joanna Jabłkowska (ed.). *Apokalyptische Visionen in der deutschen Literatur*. Łódż: Wydwnictwo Uniwersytetu Łódżkiego, 1996, 63–73.

695 Bernhard Nienaber. *Vom anachronistischen Helden zum larmoyanten Untertan. Eine Untersuchung zur Entwicklung der Humanismuskonzeption in Erich Maria Remarques Romanen der Adenauer-Restauration*. Würzburg: Königshausen & Neumann, 1997 (Epistemata Würzburger

wissenschaftliche Schriften 206), 215 pp.

696 Daina Frąckowiak. *Erich Maria Remarques Kritik in Deutschland und in Polen am Beispiel der Romane der 50. und 60. Jahre*. Bydgoszcz: Universität [Magisterarbeit], 1998, [masch.] 73 pp.

697 Denis Bousch. »Une biographie du déracinement«. Erich Maria Remarque. *Romans. Un temps pour vivre, un temps pour mourir. L'Etincelle de vie. Les Exilés. Arc de Triomphe*. Préface de Denis Bousch. Paris: Omnibus, 2001, I–XVI.

698 Thomas F. Schneider. »›Ein ekler Leichenwurm‹. Motive und Rezeption der Schriften Erich Maria Remarques zur nationalsozialistischen deutschen Vergangenheit«. *Text + Kritik* (2001), 149: *Erich Maria Remarque*, 42–54.

699 Heinrich Placke. *Die Chiffren des Utopischen. Zum literarischen Gehalt der 50er-Jahre-Romane Remarques*. Göttingen: V&R unipress, 2004 (Schriften des Erich Maria Remarque-Archivs 18), 670 pp.

700 Sandra J. Langer. *Schwierigkeiten der Remigration. Erich Maria Remarque: Erfolgreich und doch am Rande des literarischen Feldes?* Siegen: Universität [Magisterarbeit], 2007, [masch.] 103 pp.

## *Der Funke Leben/Spark of Life* (1952)

701 Gerhard Meier. »Remarques Stellung zu Faschismus und antifaschistischem Widerstandskampf, untersucht an seinem Roman *Der Funke Leben*«. *Wissenschaftliche Zeitschrift der Pädagogischen Hochschule »Karl Liebknecht« Potsdam* 15 (1971), 2, 225–242.

702 Richard A. Firda. *Erich Maria Remarque. A thematic analysis of his novels*. New York, Bern, Frankfurt/Main, Paris: Peter Lang, 1988 (American University Studies XIX, 8), 145–184.

703 a Tilman Westphalen. »Nachwort. ›Die Würde des Menschen ist unantastbar‹«. Erich Maria Remarque. *Der Funke Leben. Roman*. Mit einem Nachwort von Tilman Westphalen. Köln: Kiepenheuer & Witsch, 1988 (KiWi 165), 385–409.

b Tilman Westphalen. »Die Würde des Menschen ist unantastbar«. Erich Maria Remarque. *Der Funke Leben. Roman*. Mit einem Nachwort von Tilman Westphalen. Köln: Kiepenheuer & Witsch, 1998 (KiWi 473), 375–401.

c Tilman Westphalen. »Die Würde des Menschen ist unantastbar«. Erich Maria Remarque. *Die großen Romane*. Vol. 3: *Der Funke Leben. Roman*. Mit einem Nachwort von Tilman Westphalen. Köln: Kiepenheuer & Witsch, 1998 (KiWi 480), 375–401.

704 Harley U. Taylor. *Erich Maria Remarque. A literary and film biography*. New York, Bern, Frankfurt/Main, Paris: Peter Lang, 1989 (American University Studies I, 65), 181–194.

705 Jens Asmus. *Gibt es Alternativen? Remarques literarisch gestaltete Antworten auf die Frage nach einer postfaschistischen Perspektive für Deutschland in den Romanen »Der Funke Leben« (1952) und »Zeit zu leben und Zeit zu sterben« (1954)*. Magdeburg: Pädagogische Hochschule, Institut für Germanistik [Examensarbeit], 1991, [masch.] 51 pp.

706 Hans Wagener. *Understanding Erich Maria Remarque*. Columbia, SC: University of South Carolina Press, 1991 (Understanding Modern European and Latin American Literature), 67–75.

707 Heinrich Placke: »Naturrecht und menschliche Würde. Anmerkungen zu den Sinnpotentialen des Romans *Der Funke Leben* von Erich Maria Remarque«. Thomas Schneider, Tilman Westphalen (eds.). *»Reue ist undeutsch«. Erich Maria Remarques Der Funke Leben und das Konzentrationslager Buchenwald*. Bramsche: Rasch, 1992, 28–40.

708 Thomas F. Schneider, Tilman Westphalen (eds.). *»Reue ist undeutsch«. Erich Maria Remarques Der Funke Leben und das Konzentrationslager Buchenwald*. Bramsche: Rasch, 1992, 158 pp.

709 Hubert Orłowski. »Stacheldrahtuniversum und Literatur. Zu Remarque und anderen«. *Erich Maria Remarque Jahrbuch/Yearbook* 4 (1994), 5–28.

710 Urszula Pabich. *Die Ordnung des Terrors in Erich Maria Remarques Roman »Der Funke Leben«*. Poznań: Uniwersytet im. Adama Mickiewicza [Examensarbeit], 1996, [masch.] 151 pp.

711 Bernhard Nienaber. *Vom anachronistischen Helden zum larmoyanten Untertan. Eine Untersuchung zur Entwicklung der Humanismuskonzeption in Erich Maria Remarques Romanen der Adenauer-Restauration*. Würzburg: Königshausen & Neumann, 1997 (Epistemata Würzburger wissenschaftliche Schriften 206), 34–94.

712 Frederick Harris. »Remarque's *Der Funke Leben*. The concentration camp as text«. Thomas F. Schneider (ed.). *Erich Maria Remarque. Leben, Werk und weltweite Wirkung*. Osnabrück: Universitätsverlag Rasch,

1998 (Schriften des Erich Maria Remarque-Archivs 12), 277–288.

713 Martin Straub. »Bilder vom Widerstand. Erich Maria Remarques *Der Funke Leben* und spätere literarische Zeugnisse über Buchenwald«. Thomas F. Schneider (ed.). *Erich Maria Remarque. Leben, Werk und weltweite Wirkung.* Osnabrück: Universitätsverlag Rasch, 1998 (Schriften des Erich Maria Remarque-Archivs 12), 289–310.

714 Heather Valencia. »The KZ Experience. *Der Funke Leben* and recent work on the Holocaust in literature«. Brian Murdoch, Mark Ward (eds.). *Remarque against War. Essays for the centenary of Erich Maria Remarque, 1898–1970.* Glasgow, 1998 (Scottish Papers in Germanic Studies 11), 145–169.

715 Jan Strümpel. »Kammersymphonie des Todes. Erich Maria Remarques ›Der Funke Leben‹, Anna Seghers' ›Das siebte Kreuz‹ und eine Gattung namens ›KZ-Roman‹«. *Text + Kritik* (2001), 149: *Erich Maria Remarque*, 55–64.

716 Roman R. Tschaikowski (ed.). *E.M. Remark i lagernaia literatura/E.M. Remarque und die KZ-Literatur.* Magadan: Kordis, 2003, 128 pp.

717 Sonja Karthaus. *Remarque, Erich Maria – Der Funke Leben – Leben und Werk.* München: GRIN [Facharbeit, Internetveröffentlichung], 2004, 18 pp.

718 Heinrich Placke. *Die Chiffren des Utopischen. Zum literarischen Gehalt der 50er-Jahre-Romane Remarques.* Göttingen: V&R unipress, 2004 (Schriften des Erich Maria Remarque-Archivs 18), 373–498.

719 R.R. Tschaikowski (ed.). *Perevod i perevodchiki. Nauchnij al'manakh.* Vypusk 5: *Lagernaia Literatura.* Magadan: Kordis, 2005, 118 pp.

720 Brian Murdoch. *The Novels of Erich Maria Remarque. Sparks of Life.* Rochester/NY, Woodbridge: Camden House, 2006, 159–194.

## Entstehung/Genesis

721 Thomas Schneider: »Mörder, die empfindlich sind. Zur Entstehung von *Der Funke Leben*«. Thomas Schneider, Tilman Westphalen (eds.). *»Reue ist undeutsch«. Erich Maria Remarques Der Funke Leben und das Konzentrationslager Buchenwald.* Bramsche: Rasch, 1992, 14–20.

## Rezeption/Reception

722 Claudia Glunz. *Fiktionalität und Zeitzeugenschaft als Probleme der Rezep-*

*tion eines KZ-Romans. Erich Maria Remarque: Der Funke Leben (1952). Eine quantitative Inhaltsanalyse von 105 deutschsprachigen Rezensionen aus dem Zeitraum 1952–1955.* Osnabrück: Universität Osnabrück [Magisterarbeit], 1992, [masch.] 246 pp.

723 Claudia Glunz: »›Eine harte Sache‹. Zur Rezeption von Erich Maria Remarques *Der Funke Leben*«. Thomas Schneider, Tilman Westphalen (ed.). *»Reue ist undeutsch«. Erich Maria Remarques Der Funke Leben und das Konzentrationslager Buchenwald.* Bramsche: Rasch, 1992, 21–27.

724 Thomas F. Schneider. »›Heißes Eisen in lauwarmer Hand‹. Zur Rezeption von Erich Maria Remarques *Der Funke Leben*«. *Erich Maria Remarque Jahrbuch/Yearbook* 4 (1994), 29–44.

725 T.I. Venslavovich. »O perevodakh na russkij iazyk romana E.M. Remarka ›Iskra zhizni‹«. *Idei, Gipotezy, Poisk...* (Magadan) VII (2000), 3–7.

726 E.V. Narbut. »K istorii perevodov romana E.M. Remarka ›Iskra zhizni‹ na russkij iazyk«. *Idei, Gipotezy, Poisk...* (Magadan) 7 (2001), 39–41.

727 E.V. Narbut. »Roman E.M. Remarka ›Iskra Zhizni‹: put' k chitateliu«. Roman R. Tschaikowski (ed.). *E.M. Remark i lagernaia literatura/E.M. Remarque und die KZ-Literatur.* Magadan: Kordis, 2003, 9–18.

728 Heinrich Placke. »Wie zuverlässig ist die KiWi-Taschenbuchausgabe der Remarque-Romane von 1998? Textkritische Anmerkungen zu den Bänden 473 *Der Funke Leben* und 488 *Der schwarze Obelisk*«. *Erich Maria Remarque Jahrbuch/Yearbook* 13 (2003), 82–92.

729 A.N. Vakuliuk. »Leksicheskie aspekty perevoda romana E.M. Remarka ›Iskra Zhizni‹ na anglijskij iazyk«. Roman R. Tschaikowski (ed.). *E.M. Remark i lagernaia literatura/E.M. Remarque und die KZ-Literatur.* Magadan: Kordis, 2003, 18–24.

730 E. V. Narbut. »Lingvostilisticheskie parametry romana E. M. Remarka ›Iskra Zhizni‹«. *Idei, Gipotezy, Poisk... Germanistika i Perevodovedenie* (Magadan) 12 (2005), 30–34.

731 E. V. Narbut. »Roman E. M. Remarka ›Iskra Zhizni‹ v kontekste tekstov-donorov«. R.R. Tschaikowski (ed.). *Perevod i perevodchiki. Nauchnij al'manakh.* Vypusk 5: *Lagernaia Literatura.* Magadan: Kordis, 2005, 24–36.

732 E.V. Narbut. »Perevodtsiki romana E. M. Remarka ›Iskra Zhizni‹ o svoem trude«. R.R. Tschaikowski (ed.). *Perevod i perevodchiki. Nauchnij al'manakh.* Vypusk 5: *Lagernaia Literatura.* Magadan: Kordis, 2005, 61–70.

733 E. V. Narbut. »Roman E. M. Remarka ›Iskra Zhizni‹ v otsenke kritiki«. R.R. Tschaikowski (ed.). *Perevod i perevodchiki. Nauchnij al'manakh.* Vypusk 5: *Lagernaia Literatura.* Magadan: Kordis, 2005, 106–117.

734 R. R. Tschaikowski. »Izluchenie originala«. R.R. Tschaikowski (ed.). *Perevod i perevodchiki. Nauchnij al'manakh.* Vypusk 5: *Lagernaia Literatura.* Magadan: Kordis, 2005, 71–86.

735 Elena Vladimirovna Narbut. *Original, tekst-donor, perevod: Problemy vzaimodejstvija (na materiale perevodov romana E.M. Remarka »Iskra zhizni« na russkij jazik).* Moskva [Diss., Avtoreferat], 2008, 28 pp.

736 Elena Vladimirovna Narbut. »Perevodcheskaia deiatel'nost' i teksty-donory (opyt anketirovanniia perevodchikov romana E.M. Remarka ›Iskra zhizni‹)«. Roman R. Tschajkowskij (ed.). *Khudozhestvennyj perevod.* Magadan: Kordis, 2009 (Perevod i perevodchiki 6), 53–64.

## *Die Heimkehr des Enoch J. Jones/ The Homecoming of Enoch J. Jones* (1953)

737 Hans Wagener. *Understanding Erich Maria Remarque.* Columbia/SC: University of South Carolina Press, 1991 (Understanding Modern European and Latin American Literature), 118–120.

## *Zeit zu leben und Zeit zu sterben/A Time to Love and a Time to Die* (1954)

738 Richard A. Firda. *Erich Maria Remarque. A thematic analysis of his novels.* New York, Bern, Frankfurt/ Main, Paris: Peter Lang, 1988 (American University Studies XIX, 8), 145–184.

739 Peter Junk. »Ort zu leben und Ort zu sterben: Osnabrück 1943. Fiktion und Realität am Beispiel eines Romans«. Tilman Westphalen (ed.). *Erich Maria Remarque 1898 – 1970.* Bramsche: Rasch, 1988, 94–112.

740 Bernhard Nienaber. »Remarque gegen Restauration. Der Rußland-Kriegsroman ›Zeit zu leben und Zeit zu sterben‹«. *Krieg und Literatur/War and Literature* 1 (1989), 1, 53–88.

741 Harley U. Taylor. *Erich Maria Remarque. A literary and film biography.*

New York, Bern, Frankfurt/Main, Paris: Peter Lang, 1989 (American University Studies I, 65), 195–214.

742 a Tilman Westphalen. »Nachwort. ›Wann wird zum Mord, was man sonst Heldentum nennt?‹«. Erich Maria Remarque. *Zeit zu leben und Zeit zu sterben. Roman.* Mit einem Nachwort von Tilman Westphalen. Köln: Kiepenheuer & Witsch, 1989 (KiWi 193), 401–421.

b Tilman Westphalen. »Wann wird zum Mord, was man sonst Heldentum nennt?«. Erich Maria Remarque. *Zeit zu leben und Zeit zu sterben. Roman.* Mit einem Nachwort von Tilman Westphalen. Köln: Kiepenheuer & Witsch, 1998 (KiWi 489), 401–421.

743 Jens Asmus. *Gibt es Alternativen? Remarques literarisch gestaltete Antworten auf die Frage nach einer postfaschistischen Perspektive für Deutschland in den Romanen »Der Funke Leben« (1952) und »Zeit zu leben und Zeit zu sterben« (1954).* Magdeburg: Pädagogische Hochschule, Institut für Germanistik [Examensarbeit], 1991, [masch.] 51 pp.

744 Hans Wagener. *Understanding Erich Maria Remarque.* Columbia, SC: University of South Carolina Press, 1991 (Understanding Modern European and Latin American Literature), 75–81.

745 Bernhard Nienaber. *Vom anachronistischen Helden zum larmoyanten Untertan. Eine Untersuchung zur Entwicklung der Humanismuskonzeption in Erich Maria Remarques Romanen der Adenauer-Restauration.* Würzburg: Königshausen & Neumann, 1997 (Epistemata Würzburger wissenschaftliche Schriften 206), 95–164.

746 Thomas F. Schneider. »›Und Befehl ist Befehl. Oder nicht?‹ Erich Maria Remarque: *Zeit zu leben und Zeit zu sterben* (1954)«. Hans Wagener (ed.). *Von Böll bis Buchheim. Deutsche Kriegsprosa nach 1945.* Amsterdam, Atlanta, GA: Rodopi, 1997 (Amsterdamer Beiträge zur neueren Germanistik 42), 231–247.

747 Daina Frąckowiak. *Erich Maria Remarques Kritik in Deutschland und in Polen am Beispiel der Romane der 50. und 60. Jahre.* Bydgoszcz: Universität [Magisterarbeit], 1998, [masch.] 6–34.

748 Stefan Kaszynski. »Absicht und Wirkung. Rezeptionsästhetische Strategien im Kriegsroman *Zeit zu leben und Zeit zu sterben* von Erich Maria Remarque«. Thomas Schneider (ed.). *Erich Maria Remarque. Leben, Werk und weltweite Wirkung.* Osnabrück: Universitätsverlag Rasch, 1998 (Schriften des Erich Maria Remarque-Archivs 12), 311–324.

749 Maggie Sargeant. »A Lost War. *Zeit zu leben und Zeit zu sterben*«. Brian

Murdoch, Mark Ward, Maggie Sargeant (eds.). *Remarque against War. Essays for the centenary of Erich Maria Remarque, 1898–1970*. Glasgow: Scottish Papers in Germanic Studies, 1998 (SPGS 11), 119–144.

750 a Hans Wagener. »Erich Maria Remarque, *Im Westen nichts Neues – Zeit zu leben und Zeit zu sterben*. Ein Autor, zwei Weltkriege«. *Erich Maria Remarque Jahrbuch/Yearbook* 10 (2000), 29–50.

b Hans Wagener. »Erich Maria Remarque, *Im Westen nichts Neues – Zeit zu leben und Zeit zu sterben*: Ein Autor, zwei Weltkriege«. Ursula Heukenkamp (ed.). *Schuld und Sühne? Kriegserlebnis und Kriegsdeutung in deutschen Medien der Nachkriegszeit (1945–1961)*. Amsterdam: Rodopi, 2001 (Amsterdamer Beiträge zur neueren Germanistik 50), 103–111.

751 Sarah Ben Ammar. *Das Dritte Reich und die Emigration in 2 Romanen von Erich Maria Remarque: Arc de Triomphe und Zeit zu leben und Zeit zu sterben*. Lille: Université de Lille III [Examensarbeit], 2000/2001, [masch.] 89 pp.

752 Rolf Parr. »Ein frühes Kapitel ›Wehrmachtskritik‹. Erich Maria Remarques Roman ›Zeit zu leben und Zeit zu sterben‹«. Peter Conrady (ed.). *Faschismus in Texten und Medien: Gestern – Heute – Morgen?* Oberhausen: Athena, 2004 (Lesen und Medien 16), 99–117.

753 Heinrich Placke. *Die Chiffren des Utopischen. Zum literarischen Gehalt der 50er-Jahre-Romane Remarques*. Göttingen: V&R unipress, 2004 (Schriften des Erich Maria Remarque-Archivs 18), 255–372.

754 Brian Murdoch. *The Novels of Erich Maria Remarque. Sparks of Life*. Rochester/NY, Woodbridge: Camden House, 2006, 159–194.

755 Elena Andreevna Lipina. *Realizatsiia lingvokul'turnogo kontsepza »Vremia voennoe/Kriegszeit« v idiolektakh K.M. Simonova i E.M. Remarka. Na materiale tekstov voennoj prozy*. Tiumen: Universität [Avtoreferat], 2008.

## Enstehung und Publikation/Genesis and Publication

756 Rex W. Last. »The ›Castration‹ of Erich Maria Remarque«. *Quinquereme. New Studies in Modern Languages* 2 (1979), 1, 10–22.

757 Angelika Howind, Thomas Schneider. »›Weiterschweigen heißt seine Schuld eingestehen‹. *Zeit zu leben und Zeit zu sterben*: Die Zensur eines Antikriegsromans in der BRD und ihre Revision«. *Krieg*

*und Literatur/War and Literature* 1 (1989), 2, 79–142.

758 Thomas Schneider, Angelika Howind. »Die Zensur von Erich Maria Remarques Roman ›Zeit zu leben und Zeit zu sterben‹ 1954 in der BRD. Mit einem Seitenblick auf die Rezeption in der DDR«. Ursula Heukenkamp (ed.). *Militärische und zivile Mentalität. Ein literaturkritischer Report*. Berlin: Aufbau, 1991 (AtV 78), 303–320.

## Rezeption/Reception

759 Radoslava Pritzová. *Die Remarque-Rezeption in der Tschechoslowakei. Analyse der deutschen, tschechischen und slowakischen Rezeption zum Roman »Zeit zu leben und Zeit zu sterben«*. Bratislava: Filozofická fakulta Univerzity Komenského [Diplomarbeit], 1997, [masch.] 99 pp.

760 Hannes Heer. »Blockierter Schmerz. Warum das Erinnern an die Verbrechen der Wehrmacht so schwer fällt«. *Neue Deutsche Literatur* 47 (1999), 5, 19–32.

761 Aleksandr Ivanovich Borozniak. »›Mertvye budut obriniat' vas...‹. Roman E.M. Remarka ›Vremia zhit' i vremia umirat'‹ v kontekste diskussij o prestuplenijakh natsizma«. *Novaia i novejshaia istorija* (Moskva) 1 (2008), 185–200.

## Verfilmung/Movie *A Time to Love and a Time to Die* (1957)

762 Harley U. Taylor. *Erich Maria Remarque. A literary and film biography*. New York, Bern, Frankfurt/Main, Paris: Peter Lang, 1989 (American University Studies I, 65), 195–214.

763 Heinrich Placke. »Die politischen Diskussionen in den fünfziger Jahren um die Remarque-Filme. Teil II: *Zeit zu leben und Zeit zu sterben* (USA, 1957)«. Thomas F. Schneider (ed.). *Das Auge ist ein starker Verführer. Erich Maria Remarque und der Film*. Osnabrück: Universitätsverlag Rasch, 1998 (Schriften des Erich Maria Remarque-Archivs 13), 253–266.

764 Thomas F. Schneider. »›The Shortest Acting Career in History‹. Erich Maria Remarque als Filmmitarbeiter. Die Geschichte eines Scheiterns«. Bodo Plachta (ed.). *Literarische Zusammenarbeit*. Tübingen: Max Niemeyer, 2001, 271–284.

## *Der letzte Akt/The Last Act* (1955)

765 Heinrich Placke. »Die politischen Diskussionen um den Remarque-Film *Der letzte Akt* (Österreich 1955)«. *Erich Maria Remarque Jahrbuch/Yearbook* 5 (1995), 65–87.

766 Heinrich Placke. »Die politischen Diskussionen in den fünfziger Jahren um die Remarque-Filme. Teil I: *Der letzte Akt* (Österreich, 1955)«. Thomas F. Schneider (ed.). *Das Auge ist ein starker Verführer. Erich Maria Remarque und der Film*. Osnabrück: Universitätsverlag Rasch, 1998 (Schriften des Erich Maria Remarque-Archivs 13), 215–236.

767 L.V. Il'icheva. »O kinoproze E.M. Remarka«. R.R. Tschaikowski (ed.). *Perevod i perevodtsiki. Nauchnij al'manakh*. Vypusk 2: *E.M. Remark*. Magadan: Kordis, 2001, 23–33.

768 Thomas F. Schneider. »›The Shortest Acting Career in History‹. Erich Maria Remarque als Filmmitarbeiter. Die Geschichte eines Scheiterns«. Bodo Plachta (ed.). *Literarische Zusammenarbeit*. Tübingen: Max Niemeyer, 2001, 271–284.

769 L.V. Iljitschjowa. »O kinoproze E.M. Remarka. Predperevodcheskij analiz stsenariia *Der letzte Akt*«. Thomas F. Schneider, Roman R. Tschaikowski (eds.). *In 60 Sprachen. Erich Maria Remarque: Übersetzungsgeschichte und -probleme/Na 60 jazikakh. Perevody proizvedenij E.M. Remarka: istoriia i osnovnye problemy*. Osnabrück: Universitätsverlag Rasch, 2002 (Schriften des Erich Maria Remarque-Archivs 16), 107–118.

770 Ursula von Keitz. »Zwischen Dramatisierung und Episierung. NS-Täterbilder in exemplarischen deutschen Spielfilmen«. Margrit Frölich, Christian Schneider, Karsten Visarius (eds.). *Das Böse im Blick. Die Gegenwart des Nationalsozialismus im Film*. München: editon text + kritik, 2007, 159–177.

771 Andreas Kilb. »Ein Mahnmal, ein Reißer, ein Meisterwerk? Das Ende Adolf Hitlers im Kino: *Der letzte Akt* von Georg Wilhelm Pabst und *Der Untergang* von Oliver Hirschbiegel im Vergleich«. Margrit Frölich, Christian Schneider, Karsten Visarius (eds.). *Das Böse im Blick. Die Gegenwart des Nationalsozialismus im Film*. München: editon text + kritik, 2007, 87–97.

## *Seid wachsam/Be Vigilant* (1956)

772 Heinrich Placke, Uwe Zagratzki. »Eine Denkschrift und ein Zeitungsbeitrag Remarques in politischen Debatten: *Practical Educational Work in Germany after the War* (1944) und *Be Vigilant!* (1956) im Spannungsfeld divergierender zeitgenössischer Positionen«. Joanna Jabłkowska, Małgorzata Półrola (eds.). *Engagement. Debatten. Skandale. Deutschsprachige Autoren als Zeitgenossen.* Łódź: Wyd. Uniw. Łódzkiego, 2002, 321–340.

## *Die letzte Station/Full Circle* (1956)

773 Detlef Vornkahl, Tilman Westphalen (eds). *Erich Maria Remarque. Die letzte Station. 8. Mai 1985. Materialien zu Erich Maria Remarque als politischer Autor und zu seinem Theaterstück »Die letzte Station«.* Osnabrück: Universität/Erich-Maria-Remarque-Dokumentationsstelle, Fachbereich Sprache, Literatur, Medien, 1985 (Schriftenreihe der Erich Maria Remarque-Dokumentationsstelle 3), 68 pp.

774 Lothar Schwindt. *Erich Maria Remarque: Die letzte Station. Entstehung und Rezeption.* Osnabrück: Universität Osnabrück, FB SLW [Magisterarbeit], 1988, [masch.] 175 pp.

775 Harley U. Taylor. *Erich Maria Remarque. A literary and film biography.* New York, Bern, Frankfurt/Main, Paris: Peter Lang, 1989 (American University Studies I, 65), 223–228.

776 Hans Wagener. *Understanding Erich Maria Remarque.* Columbia, SC: University of South Carolina Press, 1991 (Understanding Modern European and Latin American Literature), 115–118.

777 Thomas F. Schneider. »The Empty Stage. Comments on the stage ›war‹ about Erich Maria Remarque's *Die letzte Station*«. Wolfgang Görtschacher, Holger Klein (eds.). *Modern War on Stage and Screen/Der moderne Krieg auf der Bühne.* Lewiston, NY: Edwin Mellen, 1997, 53–66.

778 N.Ju. Darzhuk. »Dramaticheskij polilog v aspekte perevoda«. *Idei, Gipotezy, Poisk... Germanistika i perevodovedenie* (Magadan) 11 (2004), 16–22.

## *Der schwarze Obelisk/The Black Obelisk* (1956)


779 Jan Mizinski. »E.M. Remarque. *Czarny obelisk.* Model Bohatera poszukujacego«. *Annales Universitatis Mariae Curie-Sklodowska* 28 (1973), 14, 277–292.

780 R.A. Orlov. »Problema lichnosti v romane E.M. Remarka *Chernyj obelisk*«. *Vestnik Leningradskogo Universiteta.* Serija *Istorii, Jazyka i Literatury* 8 (1974), 2, 80–90.

781 R.A. Orlov. »Nekotorye cherty tvorcheskogo metoda E.M. Remarka v romane *Chernyj obelisk*«. *Voprosy Filologii* (Minsk) 4 (1974), 196–204.

782 Christine R. Barker, Rex W. Last. *Erich Maria Remarque.* London: Oswald Wolff; New York: Barnes & Nobles, 1979, 69–109.

783 Annick Ducret. *Die Weimarer Gesellschaft im Werke Erich Maria Remarques.* Dijon: Universität [Examensarbeit], 1984, [masch.] 127 pp.

784 Tilman Westphalen, Lothar Schwindt (eds.). *Man kann alten Dreck nicht vergraben, er fängt immer wieder an zu stinken. Materialien zu einem Remarque-Projekt der Universität Osnabrück.* Osnabrück: Universität, 1984 (Schriftenreihe des Erich Maria Remarque-Archivs 2), 232 pp.

785 Richard A. Firda. *Erich Maria Remarque. A thematic analysis of his novels.* New York, Bern, Frankfurt/Main, Paris: Peter Lang, 1988 (American University Studies XIX, 8), 185–224.

786 Harley U. Taylor. *Erich Maria Remarque. A literary and film biography.* New York, Bern, Frankfurt/Main, Paris: Peter Lang, 1989 (American University Studies I, 65), 215–222.

787 a Tilman Westphalen. »›Unser Golgatha‹«. Erich Maria Remarque. *Der schwarze Obelisk. Geschichte einer verspäteten Jugend.* Mit einem Nachwort von Tilman Westphalen. Köln: Kiepenheuer & Witsch, 1989 (KiWi 184), 387–404.

b Tilman Westphalen. »Unser Golgatha«. Erich Maria Remarque. *Der schwarze Obelisk. Geschichte einer verspäteten Jugend. Roman.* Mit einem Nachwort von Tilman Westphalen. Köln: Kiepenheuer & Witsch, 1998 (KiWi 488), 395–414.

c Tilman Westphalen. »Unser Golgatha«. Erich Maria Remarque. *Die großen Romane.* Vol. 4: *Der schwarze Obelisk. Geschichte einer verspäteten Jugend. Roman.* Mit einem Nachwort von Tilman Westphalen. Köln: Kiepenheuer & Witsch, 1998 (KiWi 480), 395–414.

788 Hans Wagener. *Understanding Erich Maria Remarque.* Columbia, SC: University of South Carolina Press, 1991 (Understanding Modern European and Latin American Literature), 82–92.

789 Wolfgang Weig: »Erich Maria Remarques Roman *Der schwarze Obelisk* aus psychiatrischer Sicht«. *Erich Maria Remarque Jahrbuch/Yearbook* 2 (1992), 55–66.

790 Bernhard Nienaber. *Vom anachronistischen Helden zum larmoyanten Untertan. Eine Untersuchung zur Entwicklung der Humanismuskonzeption in Erich Maria Remarques Romanen der Adenauer-Restauration.* Würzburg: Königshausen & Neumann, 1997 (Epistemata Würzburger wissenschaftliche Schriften 206), 165–200.

791 Heinrich Placke. »Probleme und Chancen bei der Rezeption des Romans *Der schwarze Obelisk* (1956) am Ende dieses Jahrhunderts«. Thomas F. Schneider (ed.). *Erich Maria Remarque. Leben, Werk und weltweite Wirkung.* Osnabrück: Universitätsverlag Rasch, 1998 (Schriften des Erich Maria Remarque-Archivs 12), 331–342.

792 Wolfgang Weig. »Die Frage nach der seelischen Gesundheit und die Vermeidung des Krieges. Anmerkungen zu Erich Maria Remarque«. Thomas F. Schneider (ed.). *Erich Maria Remarque. Leben, Werk und weltweite Wirkung.* Osnabrück: Universitätsverlag Rasch, 1998 (Schriften des Erich Maria Remarque-Archivs 12), 325–331.

793 Bernd Hidding. *Bilder der Weimarer Republik in drei Romanen (1931, 1937, 1956) von E.M. Remarque.* Münster: Universität [Examensarbeit], 2000, [masch.] 109 pp.

794 Lionel Richard. »Un pacifiste militant«. Erich Maria Remarque. *L'obélisque noir.* Pairs: Mémoire du Livre, 2001, 7–25.

795 Heinrich Placke. *Die Chiffren des Utopischen. Zum literarischen Gehalt der 50er-Jahre-Romane Remarques.* Göttingen: V&R unipress, 2004 (Schriften des Erich Maria Remarque-Archivs 18), 19–254 + 499–617.

796 Kristin Asmus. *Der »Osnabrücker Dichterklub« in Remarques Der schwarze Obelisk. Geschichte einer verspäteten Jugend – Fiktion und Wirklichkeit.* Osnabrück: Universität [Magisterarbeit], 2002, [masch.] 112 pp.

797 Heinrich Placke. »Wie zuverlässig ist die KiWi-Taschenbuchausgabe der Remarque-Romane von 1998? Textkritische Anmerkungen zu den Bänden 473 *Der Funke Leben* und

488 *Der schwarze Obelisk«. Erich Maria Remarque Jahrbuch/Yearbook* 13 (2003), 82–92.

798 Brian Murdoch. *The Novels of Erich Maria Remarque. Sparks of Life.* Rochester/NY, Woodbridge: Camden House, 2006, 67–98.

799 Lisa Evens. »›A witches' dance of numbers‹: fictional portrayals of business and accounting transactions at a time of crisis«. *AAAJ. Accounting, Auditing & Accountability Journal* 22 (2009), 2, 169–199.

## *Der Himmel kennt keine Günstlinge/Heaven Has No Favorites* (1959/61)

800 Christine R. Barker, Rex W. Last. *Erich Maria Remarque.* London: Oswald Wolff; New York: Barnes & Nobles, 1979, 69–109.

801 Richard A. Firda. *Erich Maria Remarque. A thematic analysis of his novels.* New York, Bern, Frankfurt/Main, Paris: Peter Lang, 1988 (American University Studies XIX, 8), 225–260.

802 Harley U. Taylor. *Erich Maria Remarque. A literary and film biography.* New York, Bern, Frankfurt/Main, Paris: Peter Lang, 1989 (American University Studies I, 65), 229–238.

803 a Tilman Westphalen. »Nachwort. Von Brescia nach Brescia«. Erich Maria Remarque. *Der Himmel kennt keine Günstlinge. Roman.* Mit einem Nachwort von Tilman Westphalen. Köln: Kiepenheuer & Witsch, 1990 (KiWi 210), 319–334.

b Tilman Westphalen. »Von Brescia nach Brescia«. Erich Maria Remarque. *Der Himmel kennt keine Günstlinge. Roman.* Mit einem Nachwort von Tilman Westphalen. Köln: Kiepenheuer & Witsch, 1998 (KiWi 490), 319–336.

804 Hans Wagener. *Understanding Erich Maria Remarque.* Columbia, SC: University of South Carolina Press, 1991 (Understanding Modern European and Latin American Literature), 92–99.

805 Daina Frąckowiak. *Erich Maria Remarques Kritik in Deutschland und in Polen am Beispiel der Romane der 50. und 60. Jahre.* Bydgoszcz: Universität [Magisterarbeit], 1998, [masch.] 35–50.

806 Nanda Fischer. »The Eternal Player of ›From Bescia to Brescia‹. E. M.

Remarque's Novels on Car Racing«. *Aethlon: The Journal of Sport Literature* 17 (2000), 117–126.

807 Werner Fuld. »Ein Treffen mit alten Bekannten. Zur Vorgeschichte des Romans ›Der Himmel kennt keine Günstlinge‹«. *Text + Kritik* (2001), 149: *Erich Maria Remarque*, 65–68.

808 Brian Murdoch. *The Novels of Erich Maria Remarque. Sparks of Life*. Rochester/NY, Woodbridge: Camden House, 2006, 195–224.

## *Die Nacht von Lissabon/The Night in Lisbon* (1961/63)

809 Richard A. Firda. *Erich Maria Remarque. A thematic analysis of his novels*. New York, Bern, Frankfurt/Main, Paris: Peter Lang, 1988 (American University Studies XIX, 8), 225–260.

810 a Tilman Westphalen. »Zurück kann man nie«. Erich Maria Remarque. *Die Nacht von Lissabon. Roman.* Mit einem Nachwort von Tilman Westphalen. Köln: Kiepenheuer & Witsch, 1988 (KiWi 151), 313–325.

b Tilman Westphalen. »Zurück kann man nie«. Erich Maria Remarque. *Die Nacht von Lissabon. Roman.* Mit einem Nachwort von Tilman Westphalen. Köln: Kiepenheuer & Witsch, 1998 (KiWi 471), 313–330.

811 Florence Drouhot. *Die Technik des Romans in »Die Nacht von Lissabon« von Erich Maria Remarque*. Dijon: Université de Dijon [Magisterarbeit], 1991, [masch.] 100 pp.

812 Hans Wagener. *Understanding Erich Maria Remarque*. Columbia, SC: University of South Carolina Press, 1991 (Understanding Modern European and Latin American Literature), 100–106.

813 Heinrich Placke. »Nazizeit, Exil und Krieg in E.M. Remarques Roman *Die Nacht von Lissabon* (1961) – das Sich-Erinnern und Aussprechen«. Ursula Heukenkamp (ed.). *Schuld und Sühne? Kriegserlebnis und Kriegsdeutung in deutschen Medien der Nachkriegszeit (1945–1961)*. Amsterdam: Rodopi, 2001 (Amsterdamer Beiträge zur neueren Germanistik 50), 91–102.

814 T.I. Venslavovich. »O putiakh peredachi iazykovoj obraznosti v pere-

vode romana E.M. Remarka ›Noch' v Lissabone‹«. *Idei, Gipotezy, Poisk...* (Magadan) VIII (2001), 3–5.

815 Sigrid C. Albert. »Erich Maria Remarque: *Die Nacht von Lissabon* in lateinischer Übersetzung«. *Erich Maria Remarque Jahrbuch/Yearbook* 13 (2003), 93–94.

816 Katrin Schaaf, Cornelia Wenning. »*Die Nacht von Lissabon*. Eine Unterrichtsreihe zu dem Roman in Klasse 12«. *Erich Maria Remarque Jahrbuch/Yearbook* 15 (2005), 63–82.

817 E.V. Terekhova. *Erikh Mariia Remark. Noch' v Lissabone. Ucheb.-metod. posobie po domashnemu uchenii dlia studentov vuzov, obuchaiushchikhsia po spets.* Moskva: Kompaniia Sputnik, 2005, 54 pp.

818 Brian Murdoch. *The Novels of Erich Maria Remarque. Sparks of Life*. Rochester/NY, Woodbridge: Camden House, 2006, 129–158.

## Verfilmung/Movie *Die Nacht von Lissabon* (1970/71)

819 Karolina Kęsicka. *Adaption als Translation. Zum Bedeutungstransfer zwischen der Literatur- und Filmsprache am Beispiel der Remarque-Verfilmungen*. Dresden, Wroclaw: Neisse, 2009 (Dissertationes Inaugurales Selectae 54), 304 pp.

## *The Five Years Diary* (ca. 1965)

820 Ursula Meyer. »Erich Maria Remarque: *The Five Years Diary*. Anmerkungen und Vorschläge für die Behandlung der Erzählung im schulischen Unterricht«. *Erich Maria Remarque Jahrbuch/Yearbook* 15 (2005), 83–92.

## *Das gelobte Land* und *Schatten im Paradies*/*The Promised Land* and *Shadows in Paradise* (1970/71/1998)


821 Hans Wagener. »Erich Maria Remarque: *Shadows in Paradise*«. John M. Spalek, Robert F. Bell (eds.). *Exile. The writers' experience*. Chapel Hill/NC: University of North Carolina Press, 1982, 247–257.

822 Richard A. Firda. *Erich Maria Remarque. A thematic analysis of his novels*. New York, Bern, Frankfurt/Main, Paris: Peter Lang, 1988 (American University Studies XIX, 8), 261–282.

823 Harley U. Taylor. *Erich Maria Remarque. A literary and film biography*. New York, Bern, Frankfurt/Main, Paris: Peter Lang, 1989 (American University Studies I, 65), 257–264.

824 Hans Wagener. *Understanding Erich Maria Remarque*. Columbia, SC: University of South Carolina Press, 1991 (Understanding Modern European and Latin American Literature), 106–114.

825 Marc Wilhelm Küster. »Die Manuskriptlage zu Remarques *Schatten im Paradies*«. *Erich Maria Remarque Jahrbuch/Yearbook* 5 (1995), 88–108.

826 Tilman Westphalen. »Nachwort. ›Alles war falsch. Ich muß noch einmal anfangen ... Und wir sind schon so müde‹«. Erich Maria Remarque. *Schatten im Paradies. Roman*. Mit einem Nachwort von Tilman Westphalen. Köln: Kiepenheuer & Witsch, 1995 (KiWi 389), 495–512.

827 T[homas F.]S[chneider]. »Erläuterungen«. Erich Maria Remarque. *Das unbekannte Werk. Frühe Prosa. Werke aus dem Nachlaß. Briefe und Tagebücher*. Herausgegeben von Tilman Westphalen und Thomas F. Schneider. Vol. 2: *Das gelobte Land. Roman*. Köln: Kiepenheuer & Witsch, 1998, 433–442.

828 Tilman Westphalen. »Ein Tornister voll mit Blei«. Erich Maria Remarque. *Schatten im Paradies. Roman*. Mit einem Nachwort von Tilman Westphalen. Köln: Kiepenheuer & Witsch, 1998 (KiWi 481), 495–514.

829 Brian Murdoch. *The Novels of Erich Maria Remarque. Sparks of Life*. Rochester/NY, Woodbridge: Camden House, 2006, 129–158.

830 Katharina Schulenberg. »Perspektive Amerika? Vergangenheitsbewältigung vs. Zukunftspläne in den posthum veröffentlichten Romanen *Das gelobte Land* und *Schatten im Paradies*«. *Erich Maria Remarque Jahrbuch/Yearbook* 16 (2006), 34–89.

## Autorenregister/Author Index